西南财经大学2021年度"中央高校基本科研业务费专项资金"专著出版资助项目
—— "一带一路"沿线国家的资源利用与可持续投资：评估环境、经济与社会治理
（项目号：JBK2104002）

"一带一路"沿线国家的资源利用与可持续投资：

评估环境、经济与社会治理

Resource use and Sustainable Investment in "Belt and Road Initiative" Countries:

Evaluating the Role of Environmental, Aocial, Economic, and Governance Aspects

周 葵 [巴基斯坦]加 迈(Jamal Hussain) | 著

西南财经大学出版社
Southwestern University of Finance & Economics Press

中国·成都

图书在版编目（CIP）数据

"一带一路"沿线国家的资源利用与可持续投资：评估环境、经济与社会
治理/周葵，（巴基）加迈著.--成都：西南财经大学出版社，2024.8
ISBN 978-7-5504-5865-9

Ⅰ.①—… Ⅱ.①周…②加… Ⅲ.①"一带一路"—国际投资—研究
Ⅳ.①F74

中国国家版本馆 CIP 数据核字（2023）第 138413 号

"一带一路"沿线国家的资源利用与可持续投资：评估环境、经济与社会治理
"YIDAIYILU" YANXIAN GUOJIA DE ZIYUAN LIYONG YU KECHIXU TOUZI：PINGGU HUANJING、JINGJI YU SHEHUI ZHILI
周葵 　［巴基斯坦］加迈 　著

策划编辑：孙　婧
责任编辑：廖　韧
责任校对：植　苗
封面设计：何东琳设计工作室
责任印制：朱曼丽

出版发行	西南财经大学出版社（四川省成都市光华村街55号）
网　　址	http://cbs.swufe.edu.cn
电子邮件	bookcj@swufe.edu.cn
邮政编码	610074
电　　话	028-87353785
照　　排	四川胜翔数码印务设计有限公司
印　　刷	成都市火炬印务有限公司
成品尺寸	170 mm×240 mm
印　　张	8.75
字　　数	164 千字
版　　次	2024 年 8 月第 1 版
印　　次	2024 年 8 月第 1 次印刷
书　　号	ISBN 978-7-5504-5865-9
定　　价	68.00 元

前　言

　　世界人口的不断增长，以及人类为满足自身不断上升的需求而对自然资源进行的大肆开采，给世界资源基础带来了压力，并危害了生态系统的可持续性。资源利用和可持续投资是联合国教科文组织"人与生物圈"（Man and the Biosphere，MAB）计划提出的一个概念，旨在探讨自然资源的利用以及对资源利用的投资所涉及的诸多问题。公共部门或私营部门对资源利用的投资应考虑提高对有限资源的保护力度和发展前景。因此，本书主要从环境、社会、经济和治理等角度来探讨"一带一路"沿线国家的资源利用与可持续投资。本书的第一和第二项研究（第3章和第4章）通过介绍环境、社会、经济和治理等方面对海外投资决策所起的作用，解释了中国在"一带一路"沿线国家应采取的可持续投资的概念。本书的第三项研究（第5章）解释了自然资源可持续利用的概念。这三项研究是互相关联的，旨在通过建立可持续性模式，提升中国在"一带一路"沿线国家的投资稳健性与有效回报。由于各种解释变量的数据可用性相异，这三项研究的数据样本（国家）在使用的解释变量方面有所不同。对于研究中使用的解释变量，某些"一带一路"沿线国家的数据未更新，每项研究的"数据选择"部分均说明了具体原因。我们对第3章、第4章和第5章中提到的主题进行了实证研究。这三项相互关联的研究可为专家学者提供参考，并拓宽政府、企业等组织中的相关人员投资决策的思路。

　　本书的第3章为第一项研究，主题为"一带一路"沿线国家的投资风险及自然资源潜力。围绕该主题，我们构建了一套理论框架，解释了"一带一路"沿线国家的投资风险（具体包括环境风险、经济风险、政治风险）和自然资源的潜力。近年来，中国企业的海外投资遇到了来自东道国的政治、经济、社会和环境风险的各种挑战。为了更好地评估中国企业遇到的海外投资风险，本章从一些以前从未涉猎的角度进行了思考，并提出了一套全新的评估指标体系。另外，本章采用了基于熵权的"逼近理想解排序法"（technique for order preference by similarity to an ideal solution，TOPSIS），以全面评估中国在63个

"一带一路"沿线国家的海外投资风险和这些国家的自然资源潜力。本章旨在鼓励中国企业考虑自然资源潜力和东道国的环境，做出合理的海外投资决策。本章的研究结果表明，大多数中东欧国家和新加坡、马来西亚、尼泊尔、不丹、亚美尼亚、阿联酋等"一带一路"沿线国家是中国企业海外投资的最佳选择。据此，中国企业可以从海外投资风险和自然资源潜力的角度考虑，如何更有效地管理和实施"一带一路"沿线项目，最大限度地降低潜在风险，实现投资效益的最大化。

本书的第 4 章为第二项研究，主题为"一带一路"沿线国家绿色能源领域可持续投资综合指标构建。围绕该主题，本章提出了从环境、社会、经济和体制四个方面对东道国（被投资国）进行综合评估的框架。由于这些方面已成为决定绿色能源行业的投资和未来发展的决定因素，因此，为"一带一路"沿线国家的总体可持续性和经济基准构建一套评估指标体系变得至关重要。在过去的十年中，在绿色能源行业，若干经济因素和非经济因素已成为投资的重要决定因素。在本章的研究中，针对绿色能源行业的可持续投资，我们提出了一套国家层面的评估指标体系。绿色能源可持续投资指标（Green Energy Sustainable Investment Index，GESII）含 22 个变量，从环境、社会、经济和体制四个方面进行划分，并采用了"逼近理想解排序法"。此外，根据数据的可获得性，我们实证研究了 2006—2015 年 47 个"一带一路"沿线国家的发展变化。根据绿色能源可持续投资指标，我们还对"一带一路"沿线前三大国家的概况进行了比较分析。本章提出的新评估指标体系，即绿色能源可持续投资指标，可作为投资决策工具和政策依据。

本书的第 5 章为第三项研究，主题为"一带一路"沿线国家的自然资源枯竭对能源使用和二氧化碳排放的影响。围绕该主题，为了探明"一带一路"沿线国家的自然资源消耗情况及其对能源消耗和二氧化碳排放的影响，首先我们采用了人口、富裕程度和技术的随机回归影响模型（Stochastic Impact of Regression on Population，Affluence，and Technology，STIRPAT）来探索 1990—2014 年自然资源消耗对 56 个"一带一路"沿线国家的能源消耗和二氧化碳排放的影响。我们使用了增强均值组（Augmented Mean Group，AMG）面板估计和共同相关效应均值组（Common Correlated Efects Mean Group，CCEMG）估计来拟合我们的模型。估计结果表明，自然资源消耗越多，二氧化碳排放量和能源消耗量越高——研究对象区域的"一带一路"沿线国家自然资源消耗每增加 1%，二氧化碳排放量和能源消耗量分别增加 0.028 6% 和 0.011 7%。为了检查所选变量之间的因果关系，我们采用了矢量误差修正模型（Vector Error Correction Model，VECM）格兰杰因果关系检验法（Granger Causality Test，

GCT)。检验结果表明，从长期来看，二氧化碳排放量、能源消耗量、经济增长、自然资源消耗、城市化和贸易开放之间存在假定性关联，以及显著的截面相依性和异质性。

基于以上三项研究的结果，本书提出了若干建议，引导决策者从自然资源利用和可持续投资角度出发，思考如何制定保护环境的可持续发展战略。首先，应对投资风险的各个方面进行大量仔细深入的审查。中国企业进行海外资源投资时，不应只关注某个项目的风险，还应谨慎评估可能存在的全球风险。此外，公司不应一心只想着规避风险，而应专注于提升海外投资的可持续性和把握潜在市场的机遇。其次，绿色能源可持续投资指标（GESII）提供了各个国家在环境、社会、经济和体制方面的过去和现在的大量信息。GESII 是一款全面的监控工具，可从绿色能源发展的角度确定一个国家的优势和劣势从而帮助企业做出合理的投资决策。最后，自然资源消耗会对二氧化碳排放和能源消耗产生不利影响的"一带一路"沿线国家，应制定严格的政策，鼓励和促进自然资源的可持续利用。

第 6 章为结论与讨论，对研究发现进行了总结性陈述，并对本书研究的局限、研究的贡献以及对未来的展望等进行了思考和讨论。

在本书写作过程中，西南财经大学全国中国特色社会主义政治经济学研究中心给予了大力支持。由于原文用英文写成，梁欣、谭静、王寅苏、李晗、蔡靖、薛媛、李婉睿、李嘉梁、张祎、熊升银、王润等同学在英文翻译等方面提供了大量帮助，在此表示感谢。

受笔者学识水平、写作时间等多种因素限制，本书难免存在不足之处，敬请各位专家学者和读者朋友批评指正。

周葵

2023 年 10 月

目　录

1 绪论

1.1 概述

21世纪，世界在社会、环境和经济等各方面面临着严峻的挑战。尽管如此，以一个更有利于后代的方式保护地球仍然是最为重大的难题。为了实现这一目标，可持续性的概念被提出，且可持续社会的整体发展也得到强调。在此，我们将概述"可持续性"和"可持续发展"这两个概念的历史发展进程。"可持续性"一词源自拉丁文 sustenere（sus，"向上"；tenere，"握住"）。"持续"可表示为"维持"、"支持"或"忍受"（Stivers，1976）。可持续发展的历史可以解释人类主导的生态友好系统从早期文明到现代的发展历程（Barbier，1987）。据报道，"可持续发展"和"可持续性"的概念在过去（12—13世纪）在森林管理中被称为"可持续产量"，这是德语术语 Nachhaltiger Ertrag 的解释形式（Ehnert，2009）。然而，在过去的五十年中，这一概念得到了极大的扩展。1987年，联合国世界环境与发展委员会发表了题为《我们共同的未来》的报告，也称为"布朗特兰报告"。在该报告中，可持续性被定义为"可持续发展概念的一部分，在不损害子孙后代满足其自身需求的能力的前提下，保证了当前的需求"（Brundtland，1987）。这个想法在本质上包含了在健康的生态和社会制度下保持经济持续繁荣发展的概念。

目前，自然资源的枯竭和环境的退化是发达国家和发展中国家都面临的全球性问题。人口的增长和不断扩展的人类需求，给自然资源带来了极大的压力，并威胁到未来生态系统的可持续性。资源利用和可持续投资是联合国教科文组织人与生物圈（MAB）计划提出的一个概念，该概念的提出旨在探索自然资源的利用和资源利用投资中所包含的因素。公共或私营部门对资源使用的投资应考虑加强对有限资源的保护和形成具有更好前景的战略。可持续投资的一个方向是保持经济和政治的稳定性（Young，1992）。可持续投资是协调环境、社会、经济和治理方面，以产生长期的积极社会影响和经济收益的一门投资学科（Sultana et al.，2018）。可持续投资在制定投资决策时会借助财务指标以及环境、社会和治理标准来影响可持续发展（Ortas et al.，2013）。可持续投资是使用环境、社会和治理（Envirommental，Social and Governance，ESG）投资标准的绿色能源行业投资过程。

通常，可持续投资会影响环境、社会和大公司的经济绩效。这说明各种公共和私人投资者并未遵循和接受已知的社会责任投资的特定标准（Martí-Ball-ester，2015）。投资者需要通过考虑一个国家的环境、社会、经济和治理条件等各个方面来评估和选择投资目标（Ortas et al.，2012）。以往的研究探究了常规投资和可持续投资在风险和回报之间的关系（Ortas et al.，2013；Mollet et al.，2014），结论表明环境、社会、经济和治理指标对投资者的决策存在积极影响。最近，进行投资决策的投资者已经意识到，正如有关行为金融的现有文献所介绍的那样，ESG 标准和现有决策能力的不足正摆在投资者面前。因此，在投资决策中采用环境、社会、经济和治理标准将克服决策过程中的不足，引入环境、社会和治理准则也将促进公司整体行为的发展。部分研究强调了金融界人士对可持续责任投资（Sustainable Responsible Investment，SRI）领域的认识和认可，因为几位分析师表明了在主流投资过程中将环境、社会、经济和治理标准整合的坚定承诺（Bourghelle，2009；Nofsinger et al.，2014）。

2013 年，中国启动了影响深远的外交政策倡议，即"一带一路"倡议（Belt and Road Initiative，BRI），对世界贸易的未来格局产生了重大影响。该倡议将涉及数万亿美元的投资，主要用于能源、工业、交通、电信基础设施和技术能力建设（Chin et al.，2016）。这一倡议旨在通过新亚欧大陆桥经济走廊、中国—中亚—西亚经济走廊、中巴经济走廊、孟中印缅经济走廊、中蒙俄经济走廊以及中国—中南半岛经济走廊六条经济走廊创建成员国之间的连接，加强成员国之间的经济一体化，并改善"一带一路"沿线地区资源分配的有效性。此外，该倡议也刺激了亚洲、非洲以及欧洲和非洲的互联互通，发展和支持成员国内部的合作，形成所有多维综合互联网络，以实现该地区的可持续发展（国家发改委，2015）。中华人民共和国商务部的数据显示，2020 年，我国在"一带一路"沿线国家设立境外企业超过 1.1 万家，2020 年当年实现直接投资 225.4 亿美元，同比增长 20.6%，占同期总额的 14.7%。2021 年，中国企业在"一带一路"沿线对 57 个国家的非金融类直接投资达 1 309.7 亿元，同比增长 6.7%（折合 203 亿美元，同比增长 14.1%），占同期总额的 17.9%，较上年同期上升 1.7 个百分点。2022 年 1 到 5 月，我国企业在"一带一路"沿线国家的非金融类直接投资达 527.1 亿元，同比增长 9.4%（折合 81.9 亿美元，同比增长 10.2%），占同期总额的 18.4%，较上年同期上升 1.2 个百分点（商务部，2021；商务部，2022）。

这些项目包括通往哈萨克斯坦、俄罗斯和缅甸的天然气和石油管道项目，荷兰的铁路网络项目和新加坡的高速公路项目等。其主要目的在于将中国与其他"一带一路"沿线国家联系起来。其他的基础设施项目例如蒙巴萨和内罗毕之间的铁路，白沙瓦至卡拉奇之间的高速公路以及将亚的斯亚贝巴与吉布提连接在一起的设备齐全的铁路，则被计划用于加强中国境外地区之间的连接（国家发改委，2015）。中国的外国直接投资被认为将带来经济转型、发展、双赢的结果，并为"一带一路"沿线国家提供支持。尽管在"一带一路"沿线国家投资的中国企业可以从国外投资中获益，但在政治、经济和环境方面，也存在切实的威胁。然而，少有研究涉及在"一带一路"沿线国家投资的中国企业的自然资源潜力和外国投资风险。另外，"一带一路"沿线国家在政治、经济和环境方面的各种投资风险因素尚未得到外国投资者的充分考虑。缺乏对投资风险因素的认识是我们进行本书研究和提出未来准则的动机。为此，本书的第 3 章将研究 63 个"一带一路"沿线国家的投资风险及自然资源潜力。

此外，在"一带一路"沿线国家的绿色能源投资方面也存在一些基本问题。第一，《中国全球能源金融》的数据显示，中国在参与共建"一带一路"倡议的国家和地区进行可再生能源项目的投资额占能源总投资额的比例增长了 20%~55%（中央地质勘查基金管理中心，2019）。第二，共建"一带一路"倡议推动了中国在使用清洁能源和先进技术方面的持续战略转变。正如国际能源署（IEA）阐明的那样，中国在世界风能能源的开发中贡献了三分之一，在制造风力涡轮机方面，中国公司在世界前十名中占据了 7 个席位。第三，"一带一路"沿线国家贡献了全球 GDP 的三分之一，其人口数占世界上无法获得充足电力的总人口数的 60%（Palit et al.，2016）。第四，共建"一带一路"的许多国家由于缺乏必要的能源供应而依赖进口的常规能源。第五，石油价格在全球市场上表现出高度不确定性，这可能会导致未来的化石燃料供应无法预测（Shah et al.，2019）。第六，"一带一路"沿线国家本身对可再生能源的投资已经引起了人们的充分关注，并为绿色能源的发展提供了客观的机会。吸引绿色能源领域的企业投资者有助于为一个国家的整体可持续发展作出贡献。在过去的十年中，环境、社会和公司治理（ESG）投资标准在多家公司的可持续投资策略中发挥了关键作用，而这些新的投资策略也变得非常受欢迎（Hoepner et al.，2013）。出于这些原因，企业在绿色能源可持续投资领域中越来越需要更细微、更有用的投资标准。要对不同国家进行比较分析，就需要对多种来源的信息进行汇总分析，因此，使用复合指标是一种简单而可靠的工具（Gibari et al., 2019）。本书的第 4 章将开发针对"一带一路"沿线国家绿色能源领域的可持续投资综合指标。

同时，在过去的几十年中，"一带一路"沿线国家经历了令人兴奋的经济增长。但是，如此迅速的增长带来了自然资源的大量消耗，也引起了人们对环境问题的关注。以下是本书将"一带一路"沿线国家作为研究对象区域并对其进行调查的理由。第一，"一带一路"沿线国家的资源储量在世界自然资源总量中占有重要份额，分别占原油探明储量（十亿桶）的 58.54%、天然气产量（十亿立方英尺/天）的 53.82%、全球煤炭产量（千短吨）的 74.69% 和石油总供应量（每天千桶）的 55.17%（BP Statistical Review, 2019）。第二，"一带一路"沿线国家的人口占世界总人口的 54.63%，家庭消费占全球家庭消费的 24%，土地面积占世界土地面积的 38.5%（世界银行, 2019）。第三，这些国家产生了大量的二氧化碳排放。"一带一路"沿线国家 2019 年的二氧化碳排放总量高达 96.61 亿吨，占全球总排放量的 29.28%（世界银行, 2022）。

鉴于上述事实，对自然资源耗竭、能源使用、贸易开放度、经济增长、城市化、工业化与二氧化碳排放量之间的相关关系进行探究显得至关重要，此类调查将可能使决策者制定长期和短期政策以减少二氧化碳的排放以及维持自然资源的可持续利用。尽管一些文献在地区和单个国家层面上对自然资源、能源、经济增长、环境之间的联系进行了广泛研究，但很少有研究将视角集中于"一带一路"倡议国家。此外，不容忽视的是，自然资源耗竭、能源使用、经济增长、城市化、工业化、贸易开放和二氧化碳排放量之间的关系在这些国家和地区也存在着显著的不同（Raupach et al., 2007）。从既有文献来看，大多数关于自然资源、能源、经济增长、环境之间相互关系的专题研究都忽略了国家之间的异质性。

此外，在对跨国样本尤其是"一带一路"经济体样本的自然资源、能源、经济增长和环境之间的相互关系进行研究时，研究者通常会忽略各国之间可能存在的横截面相关性。这可能会产生有偏的估计和误导性的结论（Breitung, 2005）。为了填补先前文献中的空白，本书的第 5 章详细研究了 1990—2014 年"一带一路"沿线国家 56 个经济体的自然资源枯竭、经济增长、能源使用、贸易开放、城市化、工业化和二氧化碳排放量之间的相互关系。

通过综合考虑环境、社会、经济和治理方面的因素，本书研究"一带一路"沿线国家的上述资源利用和可持续投资问题，贡献三个相互关联的研究方向。下文将对本书的研究动机、研究思路、研究目的、研究内容、研究意义和研究框架进行介绍。本书研究框架见图 1-1。

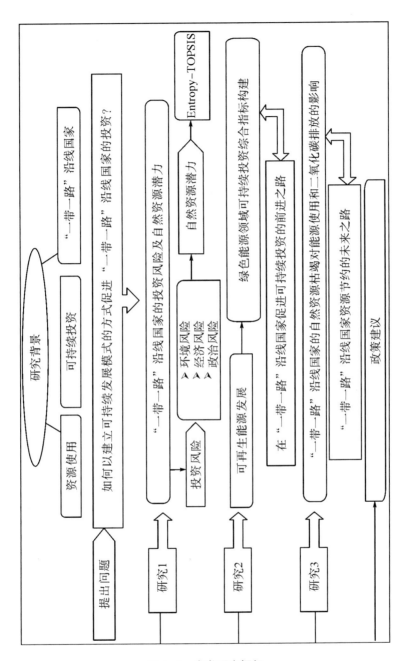

图 1-1　本书研究框架

1.2　研究动机

本书通过综合考虑环境、社会、经济和治理方面的因素，聚焦于研究"一带一路"沿线国家的资源利用和可持续投资问题。"一带一路"沿线国家的选择最近受到国际社会对中国新战略日益关注的影响，而这一影响也来源于人们对于落实联合国 2030 年可持续发展议程（Sustainable Development Goals, SDGs）的广泛关注。习近平总书记在第二届"一带一路"国际合作高峰论坛上指出：在共建"一带一路"过程中，要始终从发展的视角看问题，将可持续发展理念融入项目选择、实施、管理的方方面面。统筹推进经济增长、社会发展、环境保护，着力高质量共建"一带一路"。在国家政策层面，《国家发展改革委等部门关于推进共建"一带一路"绿色发展的意见》（发改开放〔2022〕408 号）明确提出，到 2030 年基本形成共建"一带一路"绿色发展格局，从政策上为共建"一带一路"绿色发展提供了指导方向和有力支撑。本书的研究动机也正是源于对以上关键问题的思考，相关探索无论在理论上还是在可持续发展以及高质量共建"一带一路"的实践中，都是非常重要的。

1.3　研究思路与目的

以下的理由说明了为什么应从日益增长的角度看待环境和资源困境。传统上，资源经济学研究自然资源枯竭过程的动态演化以及如何应对该问题。石油、煤炭和天然气等不可再生能源的广泛使用决定了未来资源的可用性。可再生自然资源在动态的环境过程中再生，该过程受投资活动的影响。同时，当污染对地球水生资源或大气造成长期的复合恶性后果时，环境经济学必须应对环境恶化的这些动态变化问题。观察整个经济体，尤其是"一带一路"沿线国家的大型基础设施项目相关的资源短缺和环境恶化结果，对于东道国是否可以对气候变化做出令人满意的反应，并提出更加可持续的发展途径，至关重要。我们还观察到，环境、社会、经济和治理动态存在高度相关的关系。为了解决自然资源日益匮乏的问题并鼓励可持续投资和发展，"一带一路"沿线国家的技术变革变得至关重要，要加快进行。尤其是，采用新技术可以改善自然资源的利用，并以建立可持续发展模式的方式促进"一带一路"沿线国家的投资。

此外，社会动态也同样至关重要：自然资源使用者、污染者以及政策制定者的行为会由于态度、学习行为以及反应的改变而随时间发生变化。尽管如此，大规模基础设施项目所造成的环境和社会后果不仅给环境和受影响的社区带来了巨大的风险，也给投资和国家经济生存能力带来了巨大的风险。讨论这些问题对于共建"一带一路"倡议的成功至关重要。如果中国政府要实现该倡议，以实现东道国的可持续投资和发展，这些讨论也将变得非常重要。

基于以上关于"一带一路"沿线国家资源利用和可持续投资的研究思路，通过考察环境、社会、经济和治理方面的作用，我们确定了本书的研究目的：①确定东道国在政治、经济、社会和环境风险方面所面临的各种挑战，中国企业在"一带一路"沿线国家进行投资时会遇到这些挑战。②确定东道国的自然资源潜力和承载力是否会对中国企业的投资产生影响。③确定"一带一路"沿线国家在环境、社会、经济和治理方面对促进绿色能源部门发展的作用。④确定东道国的自然资源利用行为对二氧化碳排放量和能源使用的影响。

1.4 研究问题

在现有文献、相关知识和研究设计的基础上，本书在随后的章节中提出了一些问题及相应的研究需求。

RQ1（研究问题1）：东道国的环境、社会、经济和政治因素是否会影响中国企业在"一带一路"沿线国家的投资决策？

RQ2（研究问题2）：东道国的自然资源潜力和承载力会影响中国企业的投资吗？

为了回答 RQ1 和 RQ2，本书的第 3 章提供了详细的调查方法。本书确定了四个关键方面，即经济基础、政治风险、环境风险和自然资源潜力，以评估"一带一路"沿线国家的投资风险和自然资源潜力。简而言之，回答这些问题的评估过程的结构包括以下两个步骤：①从环境风险、政治风险和经济基础三个方面对中国企业遇到的投资风险进行评估；②为了评估东道国的资源潜力和能力，该研究包含 12 个指标。

RQ3（研究问题3）：环境、社会、经济和治理方面的因素如何影响"一带一路"沿线国家的绿色能源投资？

对该问题，本书的第 4 章提供了详细的分析。第 4 章旨在创建一种新的综合指数，以促进可持续能源部门中公共和私营部门的长期投资决策。我们所构建的国家——地区级指数包括经济、社会、环境和国家制度四个维度，共 22 个变量。引入此综合指数的目的是通过适当定义的方式来使用经济和非经济变量解决与绿色能源投资有关的问题。

RQ4（研究问题 4）：自然资源枯竭、经济增长、能源使用、贸易开放、城市化、工业化与二氧化碳排放量之间存在怎样的关系？

RQ5（研究问题 5）："一带一路"沿线国家的自然资源枯竭对 CO_2（二氧化碳）排放量有何影响？

RQ6（研究问题 6）：自然资源枯竭如何影响"一带一路"沿线国家的能源使用？

第 5 章详细讨论了以上问题。本部分基于 STIRPAT 模型，使用 1990—2014 年 56 个"一带一路"沿线国家的面板数据，对其自然资源枯竭对能源使用和 CO_2 排放量的影响进行了研究。为了处理面板数据的横截面相关性，我们使用三种因果关系检验，包括面板单位根检验、协整检验以及面板短期和长期因果关系检验。有关上述检验对于 RQ4、RQ5 和 RQ6 测试的详细信息，请参见第 5 章。

1.5　理论基础

本书提出的研究思路主要基于可持续发展理论、最优控制理论和可持续投资背景下的计划行为理论。下面对这些理论与本书所涉及的研究内容的关联，即对可持续投资背景下的相关理论进行解释。

（1）可持续投资背景下的可持续发展理论。可持续发展理论通过检验一个国家或企业的经济、环境和社会问题，在全面处理交易问题方面已具有至关重要的作用。可持续性和可持续发展可被定义为"在不损害子孙后代满足其自身需求的能力的前提下，满足当代人目前的需求的发展"（Brundtland，1987）和"可持续发展同时追求经济繁荣、环境质量和社会公平"（Elkington，1998）。可持续发展的理念随着当今世界的环境变化而备受关注，它批评了在现代社会中，自然资源的利用方式和投资方式威胁着生态系统的完整性和子孙后代的福祉，从而导致其显现出不可持续的特征（Romeiro，2012）。人们在当代世界中感受到的各种经济、社会和环境压力，以及对人与环境之间的联系和社会生态系统现状的介绍，都反映了可持续发展的重要性（Chang et al.，2017）。可持续性通过检验一个国家或企业的经济、环境和社会问题，在全面处理投资、贸易等问题方面已具有至关重要的作用。如今，越来越多的投资者希望他们的投资能够反映环境、社会、经济和治理标准，并为更加重大的问题提供解决方案，这为可持续投资创造了条件（Landier et al., 2009）。同样，通过说明金融市场对于此类影响具有更为重大的责任，可持续投资已经成为解决社会、经济和生态问题的潜在解决方案（Richardson, 2013）。可持续投资是指在投资决策中整合环境、社会、经济和治理方面的内容（Talan et al., 2019）。有证据表明，可持续投资的起源可以追溯到 18 世纪（Croft et al., 2009），但在过去的 20 年中才获得普及（Capelle-Blancard et al., 2012）。联合国责任投资原则（UNPRI）是指将环境、社会、经济和治理方面的内容纳入投资决策中，这一原则的成功是可持续投资增长的重要原因（Talan et al., 2019）。

（2）可持续利用自然资源背景下的最优控制理论。最优控制理论广泛用于环境经济学和资源领域。资源的过度开发和日益严重的环境污染是发达国家和发展中国家经济发展过程中关注的两个重大问题。总体来说，这不仅仅是单一经济体所关注的问题，其对全球的影响也越来越引人注目。由于人类的根本需求及增长目标基本实现，自然资源的过度开采现在很少被鼓励。但无论何种情况，资源的使用是必要的，因此天然气、石油和其他化石燃料等有限资源不可避免地将在某一时间点耗尽。与此相反，水、渔业资源和生物燃料等可再生资源提供了可持续消费的机会。如果资源使用量降到足够低的水平，有限资源的供应将不会枯竭（Manzoor et al., 2014）。然而，由于生物多样性丧失、气候变化、生态系统退化和荒漠化等相关环境问题的出现，人们广泛意识到对自然资源的需求已发展到严重威胁社会和经济正常运转的程度（Behrens et al., 2007）。

（3）可持续投资背景下的计划行为理论。计划行为理论（TPB）被认为具有较高的分析能力，有助于人们理解各种投资者的对策（Ajzen, 2014）。关于可持续性，计划行为理论在下列背景下被用于解释个人行为的决定因素，例如，环境态度和生态行为（Kaiser et al., 1999）、绿色营销（Kalafatis et al., 2005）、回收利用（Ramayah et al., 2012）、公司领域的可持续实践（Lülfs et al., 2014）以及减轻污染的偏好（Cordano et al., 2017）以维持生态环境。这些调查表明计划行为理论在描述和预测人类具有可持续性的实践活动方面具有适用性。尽管如此，它们还揭示了在不同情况下理解人类行为的各种决定因素。关于计划行为理论在投资决策的广泛背景下（与可持续性没有明确联系）的应用，East（1993）研究了家庭和朋友的角色、容易获得的资金、预期的经济收益和投资风险，为投资决策制定者的综合分析决策提供了一个全面的分析框架。

1.6　研究意义与贡献

基于第 3 章、第 4 章和第 5 章的实证结果，本书将总结各部分的研究发现和理论贡献。

本书的第 3 章，以多种方式为理解中国企业当前在东道国的投资风险和自然资源潜力方面做出了贡献。第 3 章的主要贡献是从以下三个角度提出的。①通过从四个方面（经济基础、政治稳定、环境风险和资源潜力）36 个指标进行考虑，创建了一个用于评估投资风险和自然资源潜力的新指标体系。我们通过三个方面（经济基础、政治稳定和环境风险）来确定投资风险。②基于熵权，使用 TOPSIS 方法对中国海外投资进行整体风险评估。③对中国在"一带一路"沿线国家的投资风险和自然资源潜力进行了综合评估。本书提出了可以帮助中国企业进行海外投资、做出明智决定的政策和策略，最大限度地降低潜在风险，提高可持续投资效益。

本书的第 4 章，通过以下方式为理解"一带一路"沿线国家绿色能源行业的可持续投资综合指数的构建做出了贡献。第 4 章的背景和理论贡献为：①提供了一种新的综合指数，可供公共和私人投资者在绿色能源行业的长期投资决策中使用。②提出的国家级指数涵盖四个维度（经济、社会、环境和国家制度方面），共有 22 个变量。③建立指数的目的不仅是为绿色能源部门的投资政策提供信息，还应在明确定义的过程中使用相关的经济和非经济变量。

本书的第 5 章，通过以下方式为理解当前"一带一路"沿线国家的自然资源枯竭对其能源使用和 CO_2 排放量的影响做出了贡献。①我们的估算策略考虑了国家之间的横截面相关性，而该特征在现有文献中多被忽略。②我们引入了自然资源枯竭作为 CO_2 排放量和能源使用模型的解释变量，该模型未被纳入现有文献中，但它特别有助于所有"一带一路"沿线国家二氧化碳问题的政策制定和分析，可以促使这些国家通过支持自然资源的可持续利用来减少碳排放。

1.7 本书的组织结构

为达成研究目的，本书按一定逻辑组织各部分内容。本书余下部分的结构如下：

第2章文献综述，通过文献梳理提供了对先前文献和现有研究的广泛理解，并讨论了现有研究中提出的见解，以便读者理解。

第3章"一带一路"沿线国家的投资风险及自然资源潜力，在实证研究的基础上介绍了相应的研究概况、研究方法、评估框架、研究结果、讨论和总结。

第4章"一带一路"沿线国家绿色能源领域可持续投资综合指标构建，在实证研究的基础上介绍了相应的研究概况、构建复合指数的步骤、使用的方法、结果和讨论。

第5章"一带一路"沿线国家的自然资源枯竭对能源使用和二氧化碳排放的影响，在实证研究的基础上介绍了相应的研究概况、所使用的方法、分析和结果，以及讨论和总结。

第6章结论与讨论，从三个研究方向介绍了本书的详细结论和政策建议。

2 文献综述

根据第 1 章概述的研究动机、思路、目的和意义，本章从"一带一路"沿线国家的投资风险和自然资源潜力、绿色能源领域概况、资源状况及其对"一带一路"沿线国家二氧化碳排放和能源利用的影响等方面进行文献综述。在对上述几方面的独立文献进行深入分析之前，本书首先对自然资源利用和可持续投资进行了阐释，并对现有文献在考虑环境、社会、经济和治理等方面的作用进行了分析。为了充分理解环境、社会、经济和治理问题对投资者决策的影响，有必要了解影响投资环境的每个因素。

2.1 环境、社会、经济和治理在投资决策中的作用

2.1.1 环境方面的作用

东道国稳定的环境条件可以对公共和私人投资者的投资活动产生积极影响。然而，生物多样性的减少和生态环境的恶化需要引起有海外投资项目的企业的关注。因此，投资者在做出投资决策时，必须考虑到一个国家的环境因素。

2.1.2 社会方面的作用

社会因素对东道国的投资环境有重大影响。东道国的社会越稳定，投资环境就越适宜。能源服务的可获得性和可负担性等最紧迫的社会问题会影响社会和经济的可持续发展（Cîrstea et al.，2018）。如果一个国家的电力服务价格低廉，效率高，那么就会有更多的用电量。当今社会的稳定发展很大程度上受最新的技术影响。简而言之，一个国家的最新技术如果具有高可及性，会在多方面提供帮助，包括社会和经济发展。除此之外，如果在一个国家获得最新技术的价值很低，这也可能在可持续投资方面造成障碍。

2.1.3　经济方面的作用

一个国家的经济状况良好可以为这个国家的招商引资提供长期安全和高效率的环境。经济实力也反映了一个国家偿还外债的能力。如果一个国家有较好的经济基础，那么这个国家的整体投资风险就会降低。例如，一个经济强劲的国家应该比一个经济疲软的国家更可靠。

2.1.4　治理方面的作用

治理层面考察的是一个国家政治状况的本质和国家的立法责任。低政治风险和政治稳定是企业建立安全投资环境的两个条件。无效的政治因素将减少跨国企业的投资机会。

2.2　"一带一路"沿线国家投资风险与资源潜力综述

2.2.1　"一带一路"沿线国家的投资风险

本节从东道国环境风险、政治风险和经济基础三个方面对中国海外投资风险进行评价。

环境风险评估是环境监管机构的优先事务。在"一带一路"沿线国家投资面临的环境风险备受关注，因为存在敏感的生态区域，包括自然保护区、重要的生物多样性热点地区和其他生物多样性区域（Tracy et al., 2017；Ascensão et al., 2018）。这些环境风险导致了一些"一带一路"项目的延期。例如，中国在缅甸的莱比塘铜矿项目和密松水电站项目就因为缅甸境内的政治和环境问题而被叫停（CROIC-IWEP，2017）。与之类似，由于缺乏对环境风险评估的考虑，中国与印尼合作的雅加达—万隆高速铁路项目曾一度被推迟。

此外，中国在老挝、柬埔寨和越南的湄公河沿岸还有其他水电项目，这些项目因可能对环境和社区造成损害而遭到反对（John，2017）。这些壁垒使中国企业对海外投资项目的环境风险有了更全面的认识。中国政府需要采取行动来维护国家的声誉和企业的利益。

中国企业的对外投资风险是一个日益受到重视的问题。许多学者对中国的对外投资风险进行了详细的研究，并对不同风险进行了分类。例如，Zhang 等（2018）讨论了中国企业在"中巴经济走廊"地区的经营可能面临的社会和环境风险，并提出了一些降低风险的措施。Yuan 等（2018）基于熵权和模糊综合评价模型对 20 个"一带一路"沿线国家的电力投资风险进行了研究。结果表明，政治风险和中国因素是电力投资风险的主要决定因素。Duan 等（2018）采用熵权法模糊综合评价设计对 50 个"一带一路"沿线国家的能源投资风险进行了研究。他们建议投资者在考虑投资决策时应考虑东道国的环境和政治风险。同样，Huang（2018）采用基于熵权的 TOPSIS 方法，主要采用环境与生态指标体系，研究了"一带一路"沿线国家的投资区位选择。他们建议投资者在选择投资地点时应考虑东道国的环境风险。同样，Sánchez-Monedero 等（2014）采用 9 个经济基本面因素来描述 27 个欧盟国家的主权风险。此外，Brown 等（2015）分析了四个不同的视角，形成了更广泛的风险指数。

2.2.2 "一带一路"沿线国家的自然资源潜力

"一带一路"沿线各国可以为投资者提供自然资源潜力和环境机遇。一些"一带一路"沿线国家拥有丰富或高潜力的自然资源，可以相互促进资源体系的发展（Huang et al., 2017）。有学者提出内部化理论，认为中国企业与东道国自然资源潜力之间存在正相关关系（Buckley et al., 2007；Kang et al., 2018）。通过共建"一带一路"倡议，中国企业可以在推动"一带一路"沿线国家绿色基础设施投资方面发挥主要作用。例如，Wang 等（2015）和 Kolstad、Wiig（2012）利用普通最小二乘法（OLS）探讨了中国对外直接投资与东道国自然资源之间的关系，认为东道国自然资源与中国对外直接投资之间存在正相关关系。此外，Chang（2014）利用空间引力模型研究了中国对外直接投资在 138 个国家的情况，得出中国企业应该考虑投资东道国的燃料资源。中国的对外投资通常被视为对自然资源的寻求。因此，全面评估中国企业的海外投资风险，包括政治、经济、环境风险，以及"一带一路"沿线国家的自然资源潜力，是获得最佳投资回报的关键。

2.2.3 "一带一路"沿线国家绿色能源投资

在构建绿色能源可持续投资指标之前，有必要对"一带一路"沿线国家绿色能源领域的投资情况进行深入了解，其中有一些值得关注的问题。从投资的角度来看，第一，我们需要概述目前在全球范围内最具吸引力的绿色能源技术，其中最重要的是风能和太阳能，其次是小型水力、生物质能、节能技术、生物燃料和地热（Bloomberg New Energy Finace, 2016）。在许多领域，以风能和太阳能为代表的绿色能源具有清洁、用途广泛的特点。全球能源消费对象正在从传统能源转向绿色能源（Benintendi et al., 2020）。面向"一带一路"沿线国家的绿色能源投资总额从 2004 年的 17.2 亿美元增至 2017 年的 78.8 亿美元和 2016 年的 91.3 亿美元（彭博新能源财经，2019）。尽管"一带一路"沿线国家拥有巨大的绿色能源潜力，但在 2004 年至 2017 年，"一带一路"沿线国家在全球绿色能源投资总额中所占比例仅为 3%，并在 2016 年达到新冠疫情前的峰值，达到世界可再生能源总投资的 3%（彭博新能源财经，2019）。2019 年年底至今，新冠疫情已严重影响到大多数国家的经济状况。受疫情影响，2020 年共建"一带一路"倡议框架下的中国对外投资较 2019 年下降 54%，但与此同时，中国正在不断扩大全球可再生能源的投资规模。"一带一路"全部项目中的绝大多数（80%）都集中在运输和能源领域。在此背景下，中国将改善投资质量，包括在"一带一路"框架内扩大对绿色能源的投资规模。这是因为，首先，对可再生能源的投资没有太大风险——风力和太阳能发电厂的建设项目没有燃煤热电联产电厂那样大的规模，这意味着更容易控制风险及确保投资收益。其次，中国也借此履行了负责任的全球环境保护者的职责——这与我国许下的到 2060 年实现碳中和的承诺完全一致。2020 年中国已经朝着共建"一带一路"倡议中的绿色项目迈出了第一步：绿色能源投资首次占中国能源投资的一半以上，达 57%，未来还有望进一步增加。

第二，"一带一路"在世界绿色能源投资格局中的地位如何？这个问题引出了一个不同的故事。2015 年，中国能建葛洲坝集团持股 98% 的苏吉吉纳里（Suki Kinari）水电项目，预计投资 19.62 亿美元，并在 2022 年 12 月开始运行。该项目装机容量为 884MW（兆伏），年发电量为 32.21 亿千瓦时，占巴基斯坦水力发电量的 7.5%，建成后将解决巴基斯坦 1/5 的电力缺口（魏晨雨，2020）。2020 年上半年，中国在"一带一路"沿线国家中，能源相关投资最多的两个国家分别为巴基斯坦和越南。中国电建（Power China）在巴基斯坦投资了 19.3 亿美元的水电项目（NSNS Energy Business，2020a）。在越南，中国电建则投资了 3.1 亿美元的太阳能发电项目（Cukia，2020）和 21 亿美元的燃煤发电厂项目（NSNS Energy Business，2020b）。

在"一带一路"沿线国家间的可再生能源装机总量方面，我们注意到中国（620 856.8 MW）、印度（104 968.9 MW）、俄罗斯（51 853.7 MW）、土耳其（38 746.5 MW）、越南（18 202.3 MW）、伊朗（12 262.7 MW）、罗马尼亚（11 144.9 MW）、泰国（9 698.5 MW）和巴基斯坦（9 304.1 MW）的装机容量主要依靠水电开发，而水力发电是 2017 年上述国家可再生能源发电的主要来源（IRENA，2018）。与世界其他地区相比，2000—2017 年，"一带一路"沿线国家发展迅速，水力发电能力快速提升，风能、太阳能等优势明显，太阳能是"一带一路"沿线国家的第二大可再生能源。几乎 53% 的"一带一路"沿线国家的土地面积年太阳辐射为 1 400 kWh/（m2，a）（Chen et al.，2019）。到 2017 年太阳能装机容量排名第一的国家是中国（130 816. 2 MW），之后是印度（17 872. 8 MW）、土耳其（3 421. 7 MW）、泰国（2 702. 3 MW）和捷克（2 070 MW）（IRENA，2018）。

尽管可再生能源发电和装机容量的绝对值可观，但与世界可再生能源总投资相比，共建"一带一路"倡议框架下对可再生能源的投资相对较少。世界上其他拥有类似太阳能和风能资源的地区，如非洲大陆、澳大利亚、中美洲、印度次大陆、南美洲和美国西南部，都拥有先进的可再生能源市场，而"一带一路"沿线国家目前仍主要依赖传统能源，这意味着中国未来在这些国家的可再生能源投资还有很大空间。

2.3　投资风险和资源潜力评估

跨国海外投资的风险评估是一个复杂的两难问题，一般包括多个方面和多种方案，它同时是一个经典的多准则决策问题。要进行跨国海外投资的风险评估，就要确定两个基本的问题：标准权重测量和方案排序。

对于标准权重测量问题，有多种计算权重的方法，包括定量方法和定性方法。熵权（Elwood，1948）是信息论中测量不确定度的一种方法，是一种经典的定量权重测量技术。准则的离散性越高，则准则对总体评价的影响越大，即该准则的权值越高。一方面，如果某一特定条件的所有备选项的值都相同，则应排除该条件，因为该条件没有对其他选项进行区分。另一方面，携带更多信息的标准应该被分配到最高的权重。由于投资风险和自然资源潜力评价的标准值都是定量的，因此本书的第三和第四次研究适合采用熵权法来确定客观权重。由于第 3 章投资风险和自然资源潜力评价的标准值以及第 4 章绿色能源板块的综合指标都是定量的，因此熵权法适用于本书第 3 章和第 4 章的客观赋权测度。熵权法被成功应用于多个领域，如核电站选址（Erol et al.，2014）、可再生能源排序（Lee et al.，2018）、光伏模块选择（Long et al.，2015）、可持续回收伙伴选择（Zhou et al.，2018）、生态工业园效益评价（Zhao et al.，2017）等。

对于方案排序问题，一些文献已经使用了各种替代的排名方法，例如通过与理想解决方案相似的方法进行订单优先选择的技术（TOPSIS），层次分析法

（AHP），用于丰富度评估的偏好排名组织方法（PROMETHEE），折中排序法（VIKOR），多属性效用理论（MAUT），消除和选择转换现实（ELECTRE），多属性边界近似区域比较（MABAC）和一些聚合算子。表2-1总结并列出了将分级方法应用于风险评估领域的文献。上述大多数方法都假定决策者在面对投资风险时是理性的。然而，在现实生活中，由于情况复杂和决策者知识有限，决策者总是受限于理性（Wu et al.，2018）。因此，有人开发了一种名为TOPSIS的更加离散的MCDM方法，该方法广泛应用于多准则决策的各个领域（Gibari et al.，2019）。Yoon（1980）和Hwang、Yoon（1981）引入了"基于理想解决方案的相似性的订单偏好技术"（TOPSIS）的概念，以解决基于多标准决策的挑战。替代方案与理想解决方案的距离应该最小（欧几里得距离）。TOPSIS能估计出正理想解和负理想解的距离。这是一种有用且直接的方法，用于对许多理想方案的替代方案进行排名，以找出最接近理想的解决方案。该方法已广泛用于不同的决策评估中，包括环境风险评估（Huang，2018）、供应商选择（Onder et al.，2013；Junior et al.，2014）、银行绩效评估（Emrah et al.，2014）、旅游管理（Zhang et al.，2011）和交通运输计划（Jones et al.，2004）。因此，将TOPSIS方法引入整个"一带一路"沿线国家的投资风险和自然资源潜力评估中具有重要意义。笔者研究了有关商业科学和经济学方面的各种文献，以证明所提出的熵-TOPSIS方法的新颖性。Xu和Chung（2018）引入了DEA（数据包络分析）方法来评估BRI可持续投资的经济风险。尽管DEA方法不需要估计标准权重，但是它也没有检查标准之间的关系。Zhang、Andam和Shi（2017）应用了多模糊综合评估方法来评估中巴经济走廊下海外投资的环境、经济和社会风险。然而，多模糊综合评估方法一次仅估计一个对象，这引发了计算复杂性的问题。与以上研究相比，本书所提出方法的优点如下：①一个强有力的逻辑，通过共同分析备选方案的受益和非受益特征来描述人类选择的基本原理；②在决策过程中考虑有限数量和备选方案的能力；③它免除了进行成对比较的要求（Shih et al，2007）。TOPSIS模型已被各类从业人员和研究人员使用。

表2-1　风险评估相关文献信息

研究主题	排序法	文献作者及出版年
储能系统	实物期权分析	Locatelli et al.（2016）
道路安全	TOPSIS法	Chen et al.（2015）
铝工业	模糊TOPSIS法	Gul et al.（2016）

表2-1(续)

研究主题	排序法	文献作者及出版年
基建项目收费	层次分析法与灰色模糊方法	Wu et al.（2018）
可持续的供应链	模糊 TOPSIS 法	Rostamzadeh et al.（2018）
信用	模糊 TOPSIS 法	Shen et al.（2018）
建筑工程项目	VIKOR	Zhang et al.（2017）
湿地生态系统	层次分析法	Malekmohammadi et al.（2014）
非化石矿产资源供应	消去选择排序	Jasiński et al.（2018）
企业架构	模糊的 VIKOR	Safari et al.（2016）
矿井关闭	PROMETHEE 和 TOPSIS	Amirshenava et al.（2018）
能源效益承包项目	MABAC	Wang et al.（2018）
石油和天然气产业安全	加权有序加权算子	Tian et al.（2018）

2.4　环境、社会和治理（ESG）投资标准

在过去的几十年里，环境、社会和治理方面的投资在众多企业的可持续投资计划中发挥了关键作用，而这些新的投资政策也变得非常受欢迎（Hoepner et al.，2013）。

从根本上说，出于特定原因，在可持续投资范畴中，企业对更细微、更有用的投资标准的需求不断增长。为了对不同国家和地区的情况做出相应的解释，需要结合和汇编来自各种途径的信息。因此，综合指数的构建是一种简单而可靠的工具（Gibari et al.，2019）。基于索引的方法已被用在各个方面进行广泛研究，例如，测量空气质量指数（Zhan et al.，2018），评估可持续能源发展（Álvarez et al.，2016），进行可持续性分析（Doukas et al.，2012）以及使用能效指数（Liu et al.，2016）。随着时间的流逝，学术界仅开发了少数几个绿色能源指数，包括台北市可持续发展指数（SIT）（Lee et al.，2007）、化石燃料可持续发展指数（FFSI）（Ediger et al.，2007）、能源安全综合绩效指标

（AESPI）（Martchamadol et al., 2014）、环境绩效指数（EPI）（Hsu et al., 2014）、全球清洁技术创新指数（GCII）（Parad et al., 2014）和可再生能源国家吸引力指数（RECAI）（Warren, 2015）等。SIT 具有来自四个方面的 51 个具体变量。这些变量分为机构和 ESG 要素，以构建评估中国台北市可持续性的指标。尽管如此，作者仅使用有关可再生能源领域的选择性信息。同样，另一个综合指数 FFSI 包含三个要素："自然周期的破坏"、"对外部补贴的依赖"和"资源枯竭"。但是，FFSI 并不是由绿色能源领域的潜在投资者建立的。相反，它提供了一种控制化石燃料资源的最有效方法。同样，有 25 种不同的指标构成了 AESPI，它用于评估泰国的能源安全状况，解释了社会、经济和环境创新的各个方面。AESPI 忽略了定义一个国家的治理维度的指标。EPI 是另一种流行的综合指数。它包含九个主要类别，包括两个主要政策目标，即生态系统活力和环境健康。这 9 个类别是综合性的，但该指数并未涵盖 ESG 和国家经济方面以及投资环境等要素。此外，GCII 包括两个主要项目，即"创新的投入"和"创新的产出"，其中包含四个子标准。它涵盖了清洁技术创新方面，但由于缺乏环境、社会、经济和治理方面的考虑，因此不适合可持续投资者使用。同样，RECAI 是众所周知的索引。它对 40 个国家/地区排名，涵盖三个主要驱动因素，包括特定技术的变量、能源市场和宏观驱动因素。但是，其加权标准和使用的数据集未公开共享。而且，它没有揭示环境、社会、经济和治理方面的问题。因此，出于本书的目的，本书不适合对它进行进一步的引用。本书的第 4 章提供了国家层面的可持续投资评估框架，本书将其命名为绿色能源可持续投资指标（GESII）。该框架的一级指标包括可持续投资的四个方面，即环境、社会、经济和治理，并选取了与之对应的 22 个变量作为二级指标，以便更加客观、翔实地刻画每个一级指标。建立该评估指标体系的动机不仅是为绿色能源行业的投资政策提供信息，而且是通过对这些指标的明确定义以及使用相关的经济和非经济变量，达成定量研究的目的，这对研究结果的客观性、可靠性，以及相关政策建议的可操作性具有重要意义。

2.5 自然资源、能源、增长、环境之间的关系概况

在过去几年中，越来越多的文献使用一系列定量方法来分析能源使用、贸易开放、工业化、经济增长、城市化和二氧化碳排放之间的因果关系。在本书中，我们将从两个方面对以往的研究进行评述：一是概述自然资源、能源、增

长、环境的关系，二是对现有的面板估计技术研究进行评述。关于"自然资源、能源、环境、增长关系"的部分文献汇编请参见表2-2。

2.5.1 自然资源消耗、经济增长、能源利用和二氧化碳排放关系的研究现状

许多学者都对自然资源枯竭、环境和经济变量以及能源消耗之间的相互关系进行了实证研究（Ahmed et al., 2016; Balsalobre-Lorente et al., 2018; Shahbaz et al., 2018）。Balsalobre-Lorente 等（2018）在一项针对五个欧盟（EU-5）国家 1985—2016 年的小组研究中发现，自然资源、经济增长和可再生能源消耗是影响 CO_2 排放的重要因素。他们发现，丰富的自然资源、可再生能源和能源部门的创新可以抵消环境恶化的影响。其他研究也确定了自然资源开采活动造成环境退化的后果（Saboori et al., 2013; Dadasov et al., 2017; Charfeddine et al., 2018; Kwakwa et al., 2018; Salahuddin et al., 2018），这些研究的重点是单一国家和地区水平评估。例如，Kwakwa 等（2018）还应用"STIRPAT 模型"调查了 1971—2013 年自然资源开采对加纳环境的影响。他们发现，城市化、经济增长和自然资源的清除促使加纳的二氧化碳排放量和能源消耗增加。此外，就巴西的情况而言，Pao 和 Tsai（2011）使用灰色预测模型（GM）研究了巴西 1980—2007 年 CO_2 排放、经济增长和能源消耗之间的关系。他们发现，能源消耗和环境破坏最初随着经济增长而增加，然后稳定下降。而且，格兰杰因果关系的结果表明，二氧化碳排放量、收入和能源使用之间存在强烈的双向因果关系。

2.5.2 城市化、工业化、贸易开放、能源利用和二氧化碳排放关系的研究现状

大量文献研究了工业化、城市化、贸易开放和 CO_2 排放之间的联系（见表2-2）。城市化、贸易开放和工业化是影响能源使用和二氧化碳排放的重要决定因素。一些研究在 STIRPAT 模型框架中引入了贸易开放性、城市化和工业化作为其他决定因素（Sharma, 2011; Zhang et al., 2012）。Al-Mulali 和 Ozturk（2015）对 14 个中东和北非国家（1996—2012 年）进行了抽样调查，以分析工业产出、贸易开放、城市化和政治稳定对环境退化和能源使用的影响。他们的实证结果表明，工业生产、城市化和贸易开放会破坏环境并增加能源消耗。同时，从长远来看，政治稳定会减少这种影响。此外，他们测试了格兰杰因果关系，以揭示变量之间的短期和长期因果关系。同样，Kofi Adom、Bekoe、Amuakwa-Mensah、Mensah 和 Botchway（2012）观察到，工业化和城市化单调

增加了二氧化碳排放量和能源消耗。Poumanyvong、Kaneko（2010）还利用 STIRPAT 模型对 99 个国家的工业化和城市化对能源消耗和二氧化碳排放的影响进行了研究（1975—2005 年）。这些国家的能源使用和城市化之间存在正相关关系，但在统计上不显著，而工业化则对二氧化碳排放和能源使用产生积极影响。在对孟加拉国的案例研究中，Hassan（2016）发现了 GDP、人口和技术对二氧化碳排放的正向影响。

上述研究提到了几个决定因素，包括能源使用、GDP 增长、人口和贸易，来解释二氧化碳排放量的变化。为了检验二氧化碳排放和能源消耗的潜在驱动因素，过去的各种研究都使用了 STIRPAT 模型，例如（Li et al.，2015；Inglesi-Lotz et al.，2017；Ma et al.，2017；Kwakwa et al.，2018；Salahuddin et al.，2018）。上述研究的结论并不一致，主要是由于使用了不同的区域数据集。尽管现有的关于环境指标如能源使用和二氧化碳排放的文献已经有了足够多的发现，但是作者认为仍然缺乏合理的经济计量方法来评估自然资源枯竭、贸易开放、人均国内生产总值和工业化能源使用与二氧化碳排放在金砖国家中的影响。

2.5.3　面板估计方法的研究现状

一般来说，用于面板数据分析的估计技术可分为两类：第一代和第二代估计方法。第一代估计方法，常用的是 FMOLS 估计方法、GMM 估计方法和动态 OLS 估计方法。Khan 等（2016）和 Muhammad（2019）使用了 GMM 估计方法，而其他人如 Danish、Zhang、Wang 等（2017），Kwakwa 等（2018）和 Al-Mulali、Ozturk（2015）使用了 DOLS 和 FMOLS 估计方法。然而，这些方法没有考虑跨国家和跨部门可能存在的依赖性和异质性（Dong et al.，2018；Dong et al.，2018），这可能造成估计结果有偏和出现误导性结果（Grossman et al.，1995；Breitung，2005）。

第二代估计方法主要包括 Hashem 等（1999）的 PMG 方法，Eberhardt 和 Bond（2009）、Aberhardt 和 Teal（2010）的 AMG 方法，以及由 Pesaran（2006）建立并改进的 CCEMG 估计法（Kapetanios et al.，2011）。少数研究还利用 AMG 和 CCEMG 估计法来解释自然资源、能源、环境、增长之间的联系，如 Elliott 等（2017），Bilgili 等（2017），Gautam 和 Paudel（2018）针对 10 个亚洲国家所做的研究和 Dong 等（2017）针对 5 个金砖国家所做的研究。

表 2-2 关于自然资源、能源、环境、增长关系的部分文献概要

文献作者及出版年	研究对象区域	时期	方法	变量	因果关系	CD-H
Pesaran (2004)	巴基斯坦	1975—2011	Granger causality, ADF	NRD, CO_2, EU, Y, IND	NRD→CO_2, EU→Y	×
Kwakwa et al. (2018)	加纳	1971—2013	STIRPAT model, MOLS	NRD, Y, UR, CO_2, EU	—	×
Danish et al. (2019)	金砖国家	1990—2015	AMG, VECM	NRD, CO_2, Y, Y^2	NRD ↔CO_2	√
Al-Mulali et al. (2015)	中东和北非地区国家	1996—2012	FMOLS	TO, EF, UR, EU	Different directions of causality to EF (LR, SR)	×
Ahmed et al. (2016)	伊朗	1965—2011	Bayer–Hanck cointegration	NRD, Y, K, L	—	×
Zeb et al. (2014)	南盟国家	1975—2010	VECM Granger causality	NRD, CO_2, Y	NRD ↔ CO_2 for Nepal, neutrality for other countries	×
Zhang et al. (2012)	中国	1995—2010	STIRPAT model, FGLS	EU, CO_2, UR, Y, IND	—	×
Salim et al. (2019)	亚洲经济体	1980—2010	MG, CCEMG, and AMG	CO_2, UR, EU, Y	UR → CO_2（SR）, Y → CO_2	√
Azlina et al. (2014)	马来西亚	1995—2011	VECM Granger causality	EU, Y, CO_2, Y^2	EU → CO_2, Y→CO_2	×
Bekun et al. (2019)	16个欧盟国家	1996—2014	PMG–ARDL	NRD, Y, CO_2, EU	NRD↔CO_2, Y↔CO_2	×
Pata (2018)	土耳其	1971—2014	ARDL model	TO, CO_2, Y, EU, IND, UR	IND→CO_2, UR→CO_2	×
Ouedraogo (2013)	15个非洲国家	1980—2008	Panel Granger causality	EC, Y, EP	EU → Y（LR）, Y → EC（SR）	×
Li et al. (2015)	73个国家	1971—2010	STIRPAT, POLS, DPD	CO_2, EC, Y, IND, UR	—	×
Salahuddin et al. (2014)	海合会国家	1980—2012	PMG, SUR	CO_2, Y, EC	EU ↔Y, Y↔CO_2	×

表2-2（续）

文献作者及出版年	研究对象区域	时期	方法	变量	因果关系	CD-H
Khan et al. (2016)	巴基斯坦	1975—2012	Johanson's cointegration test, VAR Granger causality	NRD, CO_2, Y, EU	NRD→CO_2, NR→EU	×
Balsalobre-Lorente et al. (2018)	5个欧盟国家	1985—2016	EKC model	NRD, EU, CO_2, Y	—	×
Li et al. (2019)	中国	2003—2014	STIRPAT model	NRD, CO_2, Y	—	×
Dong et al. (2018)	14个亚太国家	1970—2016	FMOLS, AMG estimator	NGC, CO_2, Y	NGC↔CO_2	√
Amiri et al. (2019)	28个国家	2000—2016	Fixed and the random effect models	NRD, IND, Y	—	×
Ben-Salha et al. (2018)	8个国家	1970—2013	PMG estimation	NRD, Y	NRD↔Y	×
Danish et al. (2017)	巴基斯坦	1970—2012	ARDL, DOLS, FMOLS	CO_2, EC, Y	CO_2↔EC	×
Khan et al. (2016)	9个发达国家	2000—2013	Panel GMM	NRD, CO_2, EU, Y	—	×

注：①变量：TO（贸易开放）、NRD（自然资源消耗）、NGC（天然气消耗）、Y（人均 GDP）、Y^2（GDP 平方）、EU（能源使用）、IND（工业化）、CO_2（二氧化碳排放）、UR（城市化）、EC（能源消耗）、EP（能源价格）、EF（生态足迹）、K（资本）、L（劳动力）、FGLS（可行的广义最小二乘）、ARDL（自回归分布滞后模型）、POLS（自回归分布滞后模型）、DPD（动态面板数据）、VECM（向量误差修正模型）、SUR（似无关回归）、dors（动态普通最小二乘）、PMG-ARDL（面板合并自回归分布滞后模型）、AMG（增广平均组）。CD-H，表示本书是否测量了横向相关性和异质性，"×"表示没有，"√"表示有。"—"表示没有检验因果关系。

3 "一带一路"沿线国家的投资风险及自然资源潜力

3.1 概述

2013年9月—10月，中国提出了共建"一带一路"倡议，以发展与其他国家的合作关系。具体来说，该倡议旨在通过推进和开发相关项目，增加南亚、中亚、东南亚、中东和北非地区（MENA），独立国家联合体（简称"独联体"，英文名Commonwealth of Independent States，简称"CIS"。独联体是苏联解体后由多个苏联加盟共和国组成的区域性组织，位处欧亚大陆共建"一带一路"倡议的重要节点。独联体国家间存在着相互依赖的经济关系，尤其是在能源、交通和贸易领域。独联体国家在文化和历史上有许多共同点，并且这些国家之间存在着复杂的地缘政治关系，建立了多个地区合作框架。因此，本书将独联体所在区域作为一个单独的区域进行分析，这样有助于更全面地研究共建"一带一路"倡议对这个地区的影响，同时也有助于更全面地揭示共建"一带一路"倡议在全球范围内的发展）与欧洲中部和东部（CEE）的区域一体化合作机会，加强经济联系。共建"一带一路"的主要目标是：完善全球安全与贸易体系，探索各国合作共赢的发展路径，通过建立区域间合作，推动建立广泛的世界经济体系。

总体而言，"一带一路"涵盖了中国对欧亚国家的基础设施、矿业、能源等领域的大量投资。中国政府表示，约65个国家将参与"一带一路"建设，占全球家庭消费的四分之一，占世界GDP的三分之一，占世界人口的三分之二（Chin et al., 2016）。国家主席习近平多次在正式场合表示，"一带一路"是一个多元共赢的项目，为中国和参与国企业提供了巨大机遇和利益。共建"一带一路"倡议众多项目的主要目的是将中国与其他"一带一路"沿线国家联系起来。这些项目包括通往哈萨克斯坦、俄罗斯和缅甸的天然气和石油管道，荷兰的铁路网，还有新加坡的一条高速铁路。其他大型基础设施项目计划连接中国以外的地区，如蒙巴萨和内罗毕之间的铁路，白沙瓦到卡拉奇的高速公路，以及连接亚的斯亚贝巴和吉布提的设施齐全的铁路（国家发改委，2015）。中国对外直接投资被认为会带来经济转型、发展进步、互利共赢，得到"一带一路"国家的支持。中国企业在"一带一路"沿线国家投资虽然有一定的收益，但也面临着政治、经济、环境等方面的威胁。目前关于"一带一路"沿线国家的自然资源潜力和外商投资风险的研究较少。此外，"一带一路"沿线国家在政治、经济、环境等方面的各种投资风险因素还没有得到外国投资者的充分重视。由于许多企业对"一带一路"沿线国家投资风险认识的缺失，本书对此进行了研究并提出相关政策建议。

环境风险评估是环境监管机构的一项重点工作。由于"一带一路"沿线国家存在高度敏感的生态区域，包括自然保护区、关键生物多样性热点地区、其他生物多样性区域或全球生态圈等，海外投资面临的环境风险备受关注（Tracy et al.，2017；Ascensao et al.，2018）。这些环境风险也导致了部分"一带一路"项目受阻。例如，缅甸的莱比塘铜矿项目和密松水电站项目由于内部政治和环境问题而被叫停（CROIC-IWEP，2017）。

这些障碍使中国企业对海外投资项目的环境风险有了更多的认识。中国政府需要采取行动保护国家的声誉并对企业予以关怀。因此，需要对"一带一路"沿线国家的环境风险进行全面评估，并制定相关政策，以确保中国企业积极开展海外投资活动。

中国企业从事海外投资活动的政治风险意识日益增强。中国政府制定了多种形式的投资机制，支持"一带一路"建设。例如，中国政府建议中国大型企业在全球范围内运营，在"一带一路"沿线国家进行多种方式的投资，引进它们的技术和环境安全措施，加强相互间的经济支持，提高国家之间的政治信任（Chatzky et al.，2019）。"一带一路"沿线国家多为发展中国家，经济基础较弱，金融稳定性差；一些国家政治风险高，政府更迭频繁，偿债能力较弱（CROIC-IWEP，2017）。据《中国全球投资追踪》报道，由于东道国的政治动荡、政策变化和政府垮台，中国企业在海外投资失败次数约334次，2005—2021年的投资损失约为4 159亿美元（CGIT，2022）。在"一带一路"沿线的大多数发展中国家，或多或少都存在政治动荡。例如，阿富汗、也门、缅甸、巴基斯坦、印度、叙利亚、沙特阿拉伯和黎巴嫩等面临的政治动荡可能会直接或间接影响外国直接投资（Sheng，2018）。这进一步增加了在"一带一路"国家实施项目的风险。例如，缅甸的密松大坝和斯里兰卡的汉班托塔港项目，这两个项目实施中所遭遇的困境也使得人们更加担心其他"一带一路"项目也遭遇政治风险。

除政治风险外，经济基础薄弱可能是投资者所面临的最大障碍。中国企业在考虑对东道国进行投资之前，应当首先评估一个国家的经济基础，具体包括该国偿还债务的能力、国内生产总值、通货膨胀水平、汇率稳定性和经常账户余额等（Brian，2018）。在"一带一路"沿线国家投资的中国企业大多面临重大经济风险。例如，许多"一带一路"国家是经济脆弱的国家；中亚和南亚的一些国家经济基础薄弱，加上腐败、贫弱的政府机关、对宏观经济问题治理无效等原因，这些国家常会拖欠外国贷款。中国企业在这些国家投资的风险更大。

此外，由于存在外债风险，许多国家正在撤回或缩减其"一带一路"项目。如马来西亚决定取消由中国政府出资建设的 200 亿美元的"一带一路"项目和 23 亿美元的"天然气管道"项目（zhang，2017）。马尔代夫、蒙古国、老挝、塔吉克斯坦、吉尔吉斯斯坦、黑山、巴基斯坦等"一带一路"沿线国家债务问题严重，可能导致"一带一路"项目进一步脱轨（Hurley et al.，2018）。中国企业在"一带一路"沿线国家投资，要避免出现经济问题，就要考察一个国家的经济基础，确保投资活动的最优化。

东道国可以以其自然资源潜力为投资者提供机会。一些"一带一路"国家拥有丰富或高潜力的自然资源，可用于双边资源体系的开发（Huang et al.，2017）。有学者认为，中国企业与东道国自然资源潜力之间存在正向的关系（Buckley et al.，2007；Kang et al.，2018）。有学者认为，通过共建"一带一路"倡议，中国企业可以在推动"一带一路"国家绿色基础设施投资方面发挥主导作用。例如，Wang 等（2015），还有 Kolstad 和 Wiig（2012）利用 delevel 样本和普通最小二乘法（OLS）估计方法对中国对外直接投资与东道国自然资源之间的关系进行了研究，发现东道国自然资源与中国对外直接投资之间存在正相关关系。

Chang（2014）用空间引力模型考察了中国对外直接投资在 138 个国家的情况，认为中国企业应该考虑投资东道国的燃料资源。中国的对外投资通常被视为对自然资源的寻求。因此，全面评估中国企业的对外投资风险，包括政治、经济、环境风险，以及"一带一路"沿线国家的内在资源潜力，是获得最佳投资回报的关键。

中国企业的对外投资风险是一个日益受到关注的话题。许多学者对中国的对外投资风险进行了详细的研究并对这些风险进行分类。例如，Zhang 等（2018）讨论了中国企业在"中巴经济走廊"地区进行投资可能存在的社会和环境风险，并提出了一些降低风险的措施。Yuan 等（2018）基于熵权和模糊综合评价模型对 20 个"一带一路"国家的电力投资风险进行了研究。结果表明，政治不确定性和中国因素是电力投资风险的主要决定因素。Duan 等（2018）采用熵权法模糊综合评价设计对 50 个"一带一路"沿线国家的能源投资风险进行了研究。他们建议投资者在进行投资决策时应考虑东道国的环境和政治风险。

Huang（2018）主要采用基于熵权的 TOPSIS 方法构建环境与生态指标体系，对"一带一路"沿线国家的投资区位选择进行了研究。他们建议投资者在选择投资地点时应考虑东道国的环境风险。同样，Sanchez－Monedero 等（2014）建立了 9 个经济指标用于描述 27 个欧盟国家的主权风险。Brown 等（2015）分析了四个不同的视角，形成了更广泛的风险指数。

上述文献主要从一个维度考察了各国的投资风险。关于"一带一路"沿线国家社会、经济和环境总体风险的研究很少。本书涵盖环境、社会、经济等方面，并结合各维度的新指标，全面评估中国企业在"一带一路"沿线国家的投资风险。此外，据调查，我们认为，东道国的自然资源潜力会给中国企业带来机会。

本部分研究的主要贡献体现在以下三个方面。①从经济基础、政治稳定、环境风险、资源潜力四个方面综合考虑 36 个指标，构建了新的投资风险与资源潜力评价指标体系。我们通过三个维度（经济基础、政治稳定和环境风险）来识别投资风险。②基于熵权，采用 TOPSIS 方法对中国海外投资进行整体风险评估，并在方法论部分使用 TOPSIS 模型评估中国海外投资风险和东道国资源潜力的优势。③全面评估中国对外投资风险和"一带一路"沿线国家自然资源潜力，提出了帮助中国企业在海外投资时做出明智决策、降低潜在风险、实现可持续发展效益最大化的政策和战略。

3.2　研究方法

本部分将进行数据来源和评估框架的说明，并介绍适用于评估框架的主要研究方法。

3.2.1　数据来源

中国企业在"一带一路"沿线的投资对象国家包括：欧洲中部和东部的 17 个国家，10 个独联体国家，8 个南亚区域合作联盟（SAARC）国家，16 个中东和北非（MENA）国家，11 个东南亚国家，以及中亚地区的土库曼斯坦和东亚地区的蒙古国。在环境和资源潜力方面，本书采用世界银行数据库的数据。关于经济基础指标，最新数据来自国际国家风险指南（ICRG）数据库。政治风险指标数据来源于全球治理指标（WGI）数据库。用于评估中国企业海外投资风险和东道国自然资源潜力的指标等见表 3-1。

3.2.2　评估框架

本章的评价程序结构包括三个步骤。①确立环境风险、经济基础、政治风险、自然资源潜力四个关键维度，评估中国海外投资风险和"一带一路"沿线国家自然资源潜力。②从环境风险、政治风险和经济基础三个方面对投资风险进行评估。③根据以上评估方式，对"一带一路"沿线 63 个国家进行评估。本书对评价"一带一路"区域环境风险、经济基础、政治风险和自然资源潜力的各个方面具体指标进行了分类。通过对大量调查和数据的广泛搜索，本书从世界发展指标（WDI）、全球治理指标（WGI）和综合描述的国际国家风险指南（ICRG）数据库中提取了 36 项指标。各指标及数据来源的详细说明见表 3-1。数据采集后，我们利用熵权法对指标权重进行估计。最后，我们使用 TOPSIS 方法来获得每个"一带一路"国家的绩效评分和排名结果。随后的章节对每个方面都有详细的叙述。

3.2.2.1　环境风险

环境风险指标是针对当地环境危害的预警系统，警示中国公司投资时要注意东道国在自然环境状况方面可能存在的约束条件。跨境环境污染、气候变化和生物多样性丧失是双方共同关注的问题，也是海外投资的重点问题。东道国稳定的环境条件可以对中国公司的投资活动产生积极影响。海外投资的环境风险是投资可持续性的重要影响因素。环境风险将影响一国的宏观政策和税收制度，从而影响到外国公司的投资效率。然而，生物多样性的丧失和生态环境的恶化需要引起海外投资项目所属企业的重视。本书共提出 13 项环境风险指标，详细情况请参见表 3-1。

表 3-1 "一带一路"沿线国家投资风险与潜力评估的指标体系

维度	指标	参考内容	数据来源	影响
环境风险	二氧化碳排放量/吨·每人$^{-1}$	(Dong et al., 2017)	2014, WDI	正
	二氧化碳强度/千克·每千克石油当量能源使用量$^{-1}$	(Dong et al., 2019)	2014, WDI	正
	化石燃料能源消耗(占总消耗的百分比)/%	(Shammre, 2017)	2014, WDI	正
	自然资源损耗(占国民总收入的百分比)/%	(Mudakkar et al., 2013)	2016, WDI	负
	粮食生产指数(2004—2006=100)	(Pham et al., 2015)	2016, WDI	正
	总温室气体排放量/千吨二氧化碳当量	(Sarkodie et al., 2019)	2012, WDI	正
	微粒排放破坏(占国民总收入的百分比)/%	(Khan et al., 2016)	2016, WDI	正
	肥料用量/千克·每公顷耕地$^{-1}$	(Ali et al., 2013)	2016, WDI	正
	PM2.5 空气污染,年均暴露量/微克·立方米$^{-1}$	(Jurewicz et al., 2018)	2016, WDI	正
	PM2.5 空气污染,人口暴露水平超过世卫组织指导值(占总人口的百分比)/%	(Zhan et al., 2018)	2016, WDI	正
	受威胁物种总数(数目)/个	(McClure et al., 2018)	2018, WDI	正
	陆地保护区(占总土地面积的百分比)/%	(Huang, 2018)	2017, WDI	负
	陆地及海洋保护区(占总区域面积的百分比)/%	(Huang, 2018)	2017, WDI	负

表3-1（续）

维度	指标	参考内容	数据来源	影响
自然资源潜力	耕地面积（占土地面积的百分比）/%	(Huang, 2018)	2016, WDI	正
	农业用地（占土地面积的百分比）/%	(Sharma et al., 2015)	2016, WDI	正
	渔业总产量/吨	(Bhuiyan et al., 2018)	2016, WDI	正
	森林面积（占土地面积的百分比）/%	(Waheed et al., 2018)	2016, WDI	正
	可再生能源发电量（占总发电量的百分比）/%	(Farhani et al., 2014)	2015, WDI	正
	可再生能源消耗（占最终总能源消耗的百分比）/%	(Shahbaz et al., 2013)	2015, WDI	正
	可再生内河淡水资源总量/10亿立方米	(Bhuiyan et al., 2018)	2014, WDI	正
	长期年平均降水量/毫米·年$^{-1}$	(Huang, 2018)	2014, WDI	正
	森林净损耗（占国民总收入的百分比）/%	(Mudakkar et al., 2013)	2016, WDI	负
	能量损耗（占GNI的百分比）/%	(Mudakkar et al., 2013)	2016, WDI	负
	能源使用/千克石油当量·每人$^{-1}$	(Cai et al., 2018)	2016, WDI	负
	矿产消耗（占国民总收入的百分比）/%	(Mudakkar et al., 2013)	2016, WDI	负

表3-1（续）

维度	指标	参考内容	数据来源	影响
经济基础	预算平衡占 GDP 的百分比/%	（Duan et al., 2018）	2016, ICRG	负
	当前账户余额/ GDP	（Duan et al., 2018）	2016, ICRG	负
	外债总额占国内生产总值的百分比/%	（Huang, 2018）	2016, ICRG	正
	汇率稳定性	（Huang, 2018）	2016, ICRG	负
	年通货膨胀率/%	（Duan et al., 2018）	2016, ICRG	正
	人均国内生产总值增长/% · 年$^{-1}$	（Duan et al., 2018）	2016, ICRG	负
	实际全年本地生产总值增长/%	（Duan et al., 2018）	2016, ICRG	负
政治风险	政治稳定，没有暴力	（Kaufmann et al., 2011）	2017, WGI	负
	法治	（Kaufmann et al., 2011）	2017, WGI	负
	腐败控制	（Cieślik et al., 2018）	2017, WGI	负
	政府效率	（Montes et al., 2019）	2017, WGI	负

注："正"表示效益指标（数值越大越好）；"负数"表示成本指标（数值越小越好）。

数据来源：WDI 为世界发展指标，ICRG 为国际国家风险指南，WGI 为全球治理指标。

3.2.2.2 经济基础

经济基础为一个国家吸引投资提供了长期的安全和富有成效的环境。经济基础反映了东道国的经济状况。良好的经济基础是外来企业投资收益和安全的根本保证。经济基础也反映了一个国家偿还外债的能力。如果一个国家有较好的经济基础，那么外来企业在这个国家的整体投资风险就会比较低。例如，一个经济强劲的国家应该比一个经济疲软的国家更能保证投资的可靠性。一个经济发展良好的国家比一个经济薄弱的国家更能为投资提供良好的保障。在本书中，经济基础方面包括 7 个指标，详细情况请参见表 3-1。

3.2.2.3 政治风险

政治风险指标在本质上是考察一个国家的治理能力以及该国的立法责任。政治风险低和政治稳定是为企业建立安全的投资环境的两个先决条件。中央政府的行动和政策对外国企业的管理和投资有很大的影响。不利的政治因素将始终对外国公司的投资利益产生负面影响。无效的政治因素将持续损害国际商业投资机会。在本书中，政治风险包括 4 个指标，详细情况请参见表 3-1。

3.2.2.4 自然资源潜力

自然资源潜力是衡量在东道国投资可行性的重要方面，因此，东道国的自然资源潜力是进行投资规划时必须考虑的一个重要因素。一个油气资源丰富、资源潜力大的国家具有较高的投资价值，在资源丰富的国家，中国企业可通过投资获取当地资源。一个国家的自然资源潜力大，特别是其可再生资源潜力大，有助于增强其投资吸引力。本书用 12 个指标来评估自然资源潜力，详细情况请参见表 3-1。

3.2.3 用熵值法确定指标权重

在确定指标权重时，研究者一般采用主观权重的方法，如层次分析法（AHP）和德尔菲法。这些方法可能由于主观因素而导致指标权重的变化。客观权重法，如熵权法，其基于确定指标权重的基本准则及事实，可以减少人为的变化，使得结果更加可靠（Li et al., 2011）。熵权法主要用于确定评价标准的客观权重，其依赖于指标对系统的变化程度。通常，变化程度较大的指标权重较大（Shemshadi et al., 2011；Duan et al., 2018；Huang, 2018）。熵权是一个参数，它描述了不同的方法在不同的标准上有多少不同之处。本书采用熵权法来获取各指标在相同方面的权重。假设我们使用 "n" 个维度指标来评估 "m" 个替代方案的风险，那么指标建立步骤 Y 包含 "n" 个维度，$Y1$, $Y2$, …, Yn；i. e., $Y = [Y1, Y2, …, Yn]$。在本研究中，$n = 4$，$Y1$ 表示环境风险，$Y2$ 代表经济基础，$Y3$ 代表政治风险，$Y4$ 代表自然资源潜力。假设第 q 个维度的指标 Y_q 由子指标 j_q 构成，则有 $Y_q = [Y_1^q, Y_2^q, \cdots, Y_{jq}^q]$。对于 m 个备选方案，第 q 个维度指标的计算矩阵为：

$$y_q = \begin{pmatrix} Y_{11}^q & \cdots & Y_{1j_q}^q \\ . & . & . \\ Y_{m1}^q & \cdots & Y_{mj_q}^q \end{pmatrix}，\text{其中} q=1, 2, \cdots, n.$$

其中，$y_{mj_q}^q$ 代表第 m 个备选项的第 q 个指标 j_q^{th} 的值。

3.2.3.1 指标的标准化

考虑到有 m 个替代方案和 n 个指标，δij 是第 i 种替代方案中指标 j^{th} 的值。通常，每个指标的单位都不相同。因此，为了可靠地解决这些指标问题，采用以下方法进行数据标准化。

如果 δij 是效益指标，那么第 i 种替代方案中指标 j^{th} 的绝对值可以采用式（3-1）的处理方式。

$$\text{δij} = \frac{\text{δij} - \min(\text{δij})}{\max(\text{δij}) - \min(\text{δij})} \tag{3-1}$$

如果 δij 是成本指标，那么第 i 种替代方案中指标 j^{th} 的绝对值可以采用式（3-2）的处理方式。

$$\text{δij} = \frac{\max(\text{δij}) - \text{δij}}{\max(\text{δij}) - \min(\text{δij})} \tag{3-2}$$

在对指标进行规范化之后，规范化指标矩阵为 $H = [\text{δij}]_{m \times n}$。

3.2.3.2 熵值计算

根据"熵"的解释，指标 j^{th} 的熵值可由式（3-3）计算得到。

$$\text{ej} = -h \sum_{i=1}^{m} \text{δij}\ln\text{δij} \tag{3-3}$$

其中 ej 代表熵值，($i=1, 2, \cdots, m; j=1, 2, \cdots, n$)，$h = \frac{1}{\ln(m)}$，$m$ 为多种替代方案，若 $\ln\text{δij} = 0$，则其无实际意义。因此，δij 需要更改为 $\text{δij} = \frac{v + yij}{\sum_{i=1}^{m}(v + yij)}$，其中 v 为任意小的数字，在本书中 $v = 1.0E\text{-}06$。

3.2.3.3 计算权重向量

指标 j^{th} 的熵值的权重向量可以通过式（3-4）进行机选。

$$\text{wj} = \frac{1 - \text{ej}}{\sum_{i=1}^{m}(1 - \text{ej})} \tag{3-4}$$

其中 1-ej 为多样化程度，如 dj = 1-ej，$(j = 1, 2, \cdots, n)$。

3.2.4 TOPSIS 方法

Yoon（1980）和 Hwang、Yoon（1981）提出了根据有限个评价对象与理想化目标的接近程度进行排序的方法（Technique for Order Preference by Similarity to an Ideal Solution，为方便记述，以下简称 TOPSIS 法）来解决多准则决策（MCDM）的挑战，其依据是：最佳替代方案应具有与理想解决方案的最小距离（欧几里得距离）。TOPSIS 方法估计了正理想解决方案和负理想解决方案的距离。它是一种有用而直接的方法，用于对许多理想方案进行排序，以确定最接近理想的解决方案。该方法已广泛应用于不同的决策评估，包括环境风险评估（Huang，2018）、供应商选择（Junior et al.，2014；Onder et al.，2013）、银行绩效评估（Emrah et al.，2014）、旅游管理（Zhang et al.，2011）和交通规划（Jones et al.，2004）。根据 Shih 等（2007）的描述，TOPSIS 模型的三个优点是：一是以一个强大的逻辑来通过共同分析备选方案的有益的和无益的特征，描述人类选择的基本原理；二是在决策过程中考虑有限数量的方面和备选方案的能力；三是免除了成对比较的要求。TOPSIS 模型已经被各种实践者和研究者所使用。

TOPSIS 方法的推算包括以下步骤：

步骤 1：计算标准化向量。标准化向量 $X_{ij}[i = 1, 2, \cdots, m(\text{alternative})$（可选），$j = 1, 2, \cdots, n(\text{indicators})$（指标）]估算为：

$$X_{ij} = \frac{Z_{ij}}{\sqrt{\sum_{j=1}^{n} Z_{ij}^2}} \qquad (3-5)$$

其中 Z_{ij} 是指标 j 相对于第 i 个备选方案的性能值。

步骤 2：确定加权标准化矩阵。V_{ij} 解释指标 j 在式（3-6）中的权重。利用式（3-6）和标准化矩阵的性能值估算加权标准化决策矩阵（W_{ij}；$i = 1, 2, \cdots, m$；$j = 1, 2, \cdots, n$）。

$$W_{ij} = V_{ij} * X_{ij} \qquad (3-6)$$

步骤 3：分别确定理想最佳值和理想较差值，如下所示：

$$V_j^+ = [v_1^+, v_2^+, \cdots, v_n^+] = [(\max v_{ij}/j = j_1), (\max v_{ij}/j = j_2)/i = 1, 2, \cdots, m]$$
$$(3-7)$$

$$V_j^- = [v_1^-, v_2^-, \cdots, v_n^-] = [(\min v_{ij}/j = j_1), (\min v_{ij}/j = j_2)/i = 1, 2, \cdots, m]$$
$$(3-8)$$

其中 V_j^+ 表示理想最佳值，V_j^- 表示理想较差值，j_1 表示有益的，j_2 表示无益的。

步骤4：计算欧几里得距离。下面分别给出了正理想方案和负理想方案。

$$d_i^+ = \sqrt{\sum_{j=1}^{n} (x_{ij} - V_{ij}^+)^2}, \; i = 1, 2, \cdots, n \qquad (3-9)$$

$$d_i^- = \sqrt{\sum_{i=1}^{n} (x_{ij} - V_{ij}^-)^2}, \; i = 1, 2, \cdots, n \qquad (3-10)$$

步骤5：计算绩效评分值。

$$P_i = \frac{d_i^-}{d_i^+ + d_i^-}, \; i = 1, 2, \cdots, n \qquad (3-11)$$

其中 P_i 是绩效得分值，$P_i \in [0, 1]$。

步骤6：最后根据绩效评分值，确定备选方案的排序。

3.3 "一带一路"沿线国家投资风险和自然资源潜力的研究结果

3.3.1 环境风险的分析结果

表3-2给出了每个国家的环境风险评分和排名。在63个"一带一路"国家中，按环境风险排名，有15个低风险国家、32个中等风险国家和16个高风险国家。从表3-2可看出，中欧和东欧国家整体上环境风险最低，卡塔尔、印度和俄罗斯则是环境风险最高的三个国家。

在中欧和东欧地区，一些国家在"一带一路"沿线国家中属于环境风险最低这一档，包括斯洛文尼亚、保加利亚、斯洛伐克、罗马尼亚和匈牙利。斯洛文尼亚在"一带一路"国家中的环境风险得分最低，而波斯尼亚和黑塞哥维那（以下简称"波黑"）在中欧和东欧国家中的环境风险得分较高，主要是因为波黑的空气污染水平很高。该地区其他国家的环境风险水平较低。

表3-2　63个"一带一路"国家投资风险与潜力的得分和排名情况

地区	国家	环境	排名	经济	排名	政治	排名	资源	排名
东亚 （East Asia）	蒙古国 Mongolia	0.191	10	0.516	33	0.560	33	0.349	62

表3-2(续)

地区	国家	环境	排名	经济	排名	政治	排名	资源	排名
东南亚 (Southeast Asia)	文莱 Brunei Darussalam	0.144	20	0.651	15	0.325	56	0.464	22
	柬埔寨 Cambodia	0.092	50	0.422	46	0.704	13	0.431	55
	印度尼西亚 Indonesia	0.205	5	0.496	36	0.547	38	0.466	15
	老挝 Laos PDR	0.144	21	0.429	45	0.659	19	**0.322**	**63**
	马来西亚 Malaysia	0.176	11	0.472	40	0.442	46	0.472	9
	缅甸 Myanmar	0.142	23	0.386	53	0.652	21	0.454	45
	菲律宾 Philippines	0.143	22	0.406	48	0.580	29	0.454	46
	新加坡 Singapore	0.173	13	0.491	38	**0.075**	**63**	0.462	30
	泰国 Thailand	0.133	29	0.503	34	0.529	39	0.446	52
	东帝汶 Timor-Leste	0.175	12	**0.941**	**1**	0.656	20	0.489	4
	越南 Vietnam	0.140	26	0.376	56	0.565	31	0.477	7
中亚 (Central Asian)	土库曼斯坦 Turkmenistan	0.115	37	0.552	26	0.767	7	0.454	44
中东 与北非 (MENA)	巴林 Bahrain	0.154	16	0.801	4	0.521	40	0.455	42
	埃及 Egypt	0.147	18	0.712	12	0.674	17	0.455	43
	格鲁吉亚 Georgia	0.109	43	0.432	44	0.378	51	0.466	14
	伊朗 Iran	0.150	17	0.577	25	0.676	15	0.457	40
	伊拉克 Iraq	0.200	7	0.538	29	0.891	4	0.450	48
	以色列 Israel	0.104	45	0.667	14	0.317	57	0.462	31
	约旦 Jordon	0.111	40	0.762	8	0.470	44	0.460	34
	科威特 Kuwait	0.195	9	0.811	3	0.550	37	0.465	21
	黎巴嫩 Lebanon	0.113	39	0.738	10	0.742	8	0.464	27
	阿曼 Oman	0.125	31	0.886	2	0.426	48	0.440	54
	卡塔尔 Qatar	**0.597**	**1**	0.499	35	0.328	54	0.448	50
	沙特阿拉伯 Saudi Arabia	0.197	8	0.773	5	0.462	45	0.450	49
	叙利亚 Syria	0.121	34	0.770	6	**0.969**	**1**	0.488	5
	土耳其 Turkey	0.141	24	0.331	59	0.594	27	0.464	24
	阿联酋 United Arab Emirates	0.144	19	0.635	18	0.239	60	0.465	17
	也门 Yemen	0.141	25	0.718	11	0.962	2	0.464	25

表3-2(续)

地区	国家	环境	排名	经济	排名	政治	排名	资源	排名
南亚 (South Asia)	阿富汗 Afghanistan	0.216	4	0.695	13	0.913	3	0.458	38
	孟加拉国 Bangladesh	0.116	36	0.372	57	0.715	11	0.466	16
	不丹 Bhutan	0.081	57	0.618	21	0.235	61	0.427	57
	印度 India	0.419	2	0.394	51	0.557	35	0.453	47
	马尔代夫 Maldives	0.123	33	0.538	30	0.636	23	0.465	19
	尼泊尔 Nepal	0.097	47	0.255	61	0.689	14	0.430	56
	巴基斯坦 Pakistan	0.124	32	0.548	27	0.739	9	0.459	36
	斯里兰卡 Sri Lanka	0.134	28	0.647	17	0.566	30	0.464	23
独联体 (CIS)	亚美尼亚 Armenia	0.088	51	0.250	62	0.608	26	0.426	59
	阿塞拜疆 Azerbaijan	0.200	6	0.765	7	0.669	18	0.445	53
	白俄罗斯 Belarus	0.111	41	0.603	23	0.593	28	0.469	11
	哈萨克斯坦 Kazakhstan	0.168	14	0.589	24	0.619	24	0.427	58
	吉尔吉斯斯坦 Kyrgyz Republic	0.135	27	0.633	19	0.714	12	0.391	61
	摩尔多瓦 Moldova	0.108	44	0.442	43	0.648	22	0.457	41
	俄罗斯 Russia	0.350	3	0.650	16	0.674	16	0.474	8
	塔吉克斯坦 Tajikistan	0.086	53	0.383	54	0.781	5	0.448	51
	乌克兰 Ukraine	0.129	30	0.540	28	0.768	6	0.463	28
	乌兹别克斯坦 Uzbekistan	0.159	15	0.516	32	0.717	10	0.412	60
中欧与东欧 (Central and Eastern Europe)	阿尔巴尼亚 Albania	0.098	46	0.492	37	0.561	32	0.467	13
	波斯尼亚和黑塞哥维那 Bosnia and Herzegovina	0.120	35	0.622	20	0.612	25	0.461	32
	保加利亚 Bulgaria	0.064	62	0.394	52	0.507	42	0.458	39
	克罗地亚 Croatia	0.079	58	0.467	41	0.423	49	0.469	10
	捷克 Czech Republic	0.083	56	0.458	42	0.314	58	0.464	26
	爱沙尼亚 Estonia	0.095	49	0.400	50	0.213	62	0.468	12
	匈牙利 Hungary	0.077	59	0.413	47	0.427	47	0.499	2
	拉脱维亚 Latvia	0.083	55	0.297	60	0.341	53	0.498	3
	立陶宛 Lithuania	0.087	52	0.358	58	0.327	55	**0.751**	1
	北马其顿 North Macedonia	0.097	48	0.749	9	0.558	34	0.458	37
	黑山 Montenegro	0.114	38	0.475	39	0.510	41	0.463	28
	波兰 Poland	0.085	54	0.406	49	0.347	52	0.461	33
	罗马尼亚 Romania	0.074	60	**0.241**	63	0.497	43	0.465	18
	塞尔维亚 Serbia	0.110	42	0.605	22	0.551	36	0.460	35
	斯洛伐克 Slovakia	0.066	61	0.526	31	0.395	50	0.465	20
	斯洛文尼亚 Slovenia	**0.042**	63	0.376	55	0.279	59	0.484	6

在东南亚地区，东帝汶、印度尼西亚、新加坡和马来西亚的环境风险得分较高。东帝汶的自然资源破坏较为严重，在"一带一路"沿线国家中排在第三位。在印尼和马来西亚，受威胁物种的数量在"一带一路"国家中居高不下，生态脆弱性相对较高。新加坡在这一地区的肥料消费量较高。该地区其他国家属于低环境风险类别。

在东亚地区，蒙古国属于高环境风险类别。就二氧化碳排放强度而言，蒙古国是"一带一路"沿线国家中环境风险得分最高的国家。并且蒙古国在自然资源破坏方面排在第二位。

在中亚地区，土库曼斯坦属于中等环境风险类别。

在中东与北非地区，卡塔尔的环境风险得分较高，表现出较高的二氧化碳排放、化石燃料能源消耗和化肥消耗。巴林、伊拉克、科威特和沙特阿拉伯都属于高环境风险类别。中东和北非地区其余国家属于中等风险类别。

在南亚地区，印度和阿富汗为高环境风险国家。印度的环境风险在"一带一路"沿线国家中排名第二，这个国家的二氧化碳排放强度高，受威胁物种数量多，化石燃料能源消耗、温室气体排放总量和化肥消耗量都很高。此外，印度的温室气体排放总量显示出高风险。本区域的不丹为低环境风险国家，而本区域其他国家为中等环境风险国家。

在独联体地区，俄罗斯、阿塞拜疆、哈萨克斯坦和乌兹别克斯坦为高环境风险国家。俄罗斯的二氧化碳排放量和温室气体排放总量都很高，阿塞拜疆的自然资源破坏程度也很高。白俄罗斯、摩尔多瓦、吉尔吉斯斯坦和乌克兰被认为是中等环境风险国家，而亚美尼亚和塔吉克斯坦的环境风险得分较低。

3.3.2 经济基础的分析结果

经济基础薄弱也是投资的一大障碍。"一带一路"国家的经济基础排名情况见表3-2。基于每个国家的经济基础得分判断，13个国家有很强的经济基础，37个国家有中等经济基础，13个国家的经济基础薄弱。除新加坡、匈牙利、捷克和以色列外，大多数"一带一路"国家都被归类为新兴市场经济体。因此，大多数"一带一路"国家的经济基础较弱。总体说来，除北马其顿外，中欧和东欧国家的经济基础属于中等水平，北马其顿的经济基础较弱，因为与本区域其他国家相比，其外债总额占国内生产总值的比例很高。在独联体地区，阿塞拜疆经济基础薄弱，因为它承受着相当多的外债和不稳定的汇率。在该区域内，亚美尼亚有强大的经济基础，而其他国家经济基础水平相对平均。在南亚地区，由于通货膨胀率高，外债占国内生产总值的百分比很高，阿富汗的经济基础薄弱。孟加拉国、印度和尼泊尔被列为经济基础雄厚的国家，而不丹、马尔代夫、巴基斯坦和斯里兰卡则有着中等经济基础。在中东和北非地区的"一带一路"沿线国家中，阿曼、科威特和巴林表现出疲软的经济基础。阿曼和科威特的经常账户差额占国内生产总值的比例较低，外债占国内生产总值的比例较高。同时，本区域其他国家也被列为中等经济基础类别。中亚的土库曼斯坦在经济基础上属于中等。同样，东南亚国家大多处于中等经济基础水平，东帝汶则属于薄弱经济基础类别。东帝汶经济疲软主要是由其国内生产总值增长缓慢、预算平衡占国内生产总值的比例下降、外债比率上升和汇率不稳定等几个因素导致的。在东亚，蒙古国属于中等经济基础类别。

3.3.3 政治风险的分析结果

各国的政治风险得分和排名见表 3-2。在 63 个"一带一路"沿线国家中，按政治风险分类，有 16 个低风险国家、31 个中等风险国家和 16 个高风险国家。中亚和南亚国家基本属于高政治风险类别。黎巴嫩和阿富汗的政治风险为高风险，而新加坡和立陶宛的政治风险为低风险。

在中东与北非地区，叙利亚、也门、伊拉克、黎巴嫩和伊朗的政治风险得分较高，而格鲁吉亚、科威特、沙特阿拉伯和土耳其的政治风险为中等。该区域其余国家属于低政治风险类别。在独联体地区，大多数国家属于高风险和中等风险类别。塔吉克斯坦、乌克兰、乌兹别克斯坦、吉尔吉斯斯坦和俄罗斯的政治风险得分较高，而其余国家则为中等政治风险国家。在南亚地区，只有不丹的政治风险得分较低，其他国家的政治风险得分为中等和高等。在中亚地区，土库曼斯坦的政治风险分数很高。东亚的蒙古国表现出了适度的政治风险。在东南亚地区，柬埔寨的政治风险较高，而新加坡和文莱的政治风险较低。新加坡在"一带一路"沿线国家中的政治风险得分很低。这一地区其余国家的政治风险为中等。在中欧和东欧，一半的国家属于中等政治风险类别，另一半属于低风险类别。在这一地区，没有一个国家为高风险类别，这表明中欧和东欧地区的政治风险低于其他地区。

3.3.4 自然资源潜力的分析结果

63 个国家的自然资源潜力得分和排名见表 3-2。其中，有 17 个高资源潜力国家、31 个中等资源潜力国家和 15 个低资源潜力国家。

中欧和东欧国家整体属于高资源潜力国家。立陶宛渔业总产量高，在"一带一路"沿线国家中显示出很高的资源潜力。此外，立陶宛的能源、森林和矿物的自然资源消耗率很低。中欧和东欧地区的其他国家，如北马其顿、黑山、波兰、罗马尼亚、斯洛文尼亚和塞尔维亚，属于中等资源潜力国家。在独联体地区，俄罗斯和白俄罗斯的资源潜力较大，摩尔多瓦和乌克兰的资源潜力中等，其余国家的资源潜力较小。在南亚地区，不丹和孟加拉国的资源潜力排名很高。不丹拥有相当大的森林覆盖面积，是使用清洁能源的领头羊，在"一带一路"沿线国家人均国内可再生水资源总量中占有更大的份额。在中东和北非地区，只有叙利亚和格鲁吉亚具有高资源潜力，而该地区其他国家则分别属于中、低资源潜力类别。虽然沙特阿拉伯在农业用地方面得分很高，但该地区大多数国家都拥有丰富的不可再生能源，因此，可再生能源所占份额相对较小。卡塔尔是 BRI 国家中能源消耗最大的国家。在东南亚地区，印度尼西亚、马来西亚、东帝汶和越南拥有丰富的自然资源。马来西亚可再生资源的排名高于该地区其他国家，东帝汶的渔业产量在"一带一路"国家中则排名第二。东亚国家蒙古国的潜在资源得分较低，其矿产消耗量较高。

3.3.5 高、低投资风险与自然资源潜力"一带一路"沿线国家综合分析

上文对"一带一路"沿线国家的投资风险和资源潜力分别进行了评估，为中国企业制定投资决策策略提供了依据和参考。表 3-2 呈现了 63 个"一带一路"沿线国家的得分和排名情况；风险和机遇条形图结果如图 3-1 所示。总体而言，从低投资风险与高资源潜力的视角来看，斯洛文尼亚具有较低的环境风险，罗马尼亚则具有雄厚的经济基础，新加坡政治风险较低，立陶宛在"一带一路"沿线国家中具有较高的资源潜力。当我们观察投资风险大且资源潜力低的国家时，可以发现，卡塔尔的环境风险较高，东帝汶的经济基础较薄弱，叙利亚的政治风险相对较高，老挝的资源潜力较低。当在这些国家参与投资活动时，企业应谨慎决策。

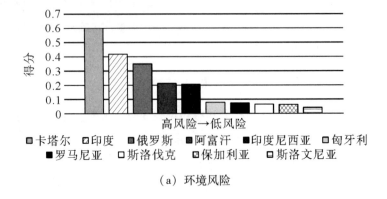

（a）环境风险

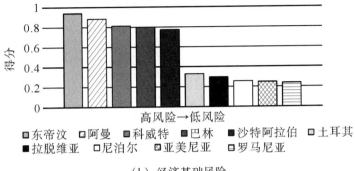

（b）经济基础风险

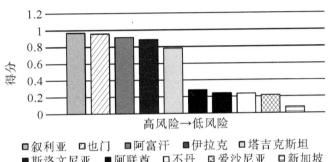

（c）政治风险

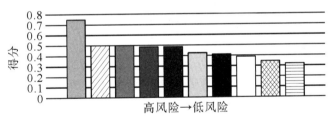

（d）自然资源潜力

图3-1　投资风险与自然资源潜力排名靠前的"一带一路"沿线国家

3.4 本章小结

本书运用基于熵权的 TOPSIS 方法对中国企业海外投资风险进行了综合评价，对 63 个"一带一路"沿线国家的政治、经济、环境风险和自然资源潜力进行了具有一定说服力的评价。根据地理信息系统制图的结果，本书确定了政治、经济、环境风险和自然资源潜力的空间设计。通过综合评价，我们可以制定严格的投资决策策略，使潜在的投资风险最小化、收益最大化。中国企业在东道国规划共建"一带一路"倡议项目时，本书为其提供了规避政治、经济、环境风险和可持续利用当地自然资源的投资思路。因此，本书旨在加强中国对全球资源保护的倾向。

研究结果表明，中国企业在大多数"一带一路"沿线国家的政治、经济和环境方面的投资风险相对较小。从环境风险角度看，卡塔尔的环境风险较高。相比之下，斯洛文尼亚在 BRI 国家中的环境风险较低。罗马尼亚经济基础雄厚，东帝汶经济基础薄弱。新加坡的政治风险得分较低，而叙利亚的政治风险得分较高。立陶宛资源潜力大，老挝资源潜力小。中国企业在"一带一路"沿线地区有各种合适的投资选择，如中欧和东欧的斯洛文尼亚、立陶宛、保加利亚、罗马尼亚、匈牙利、拉脱维亚，独联体国家中的亚美尼亚、塔吉克斯坦和俄罗斯，南亚地区的不丹和尼泊尔，西亚的阿联酋，东南亚地区的马来西亚和新加坡。2023 年是共建"一带一路"倡议提出的十周年，中国将继续把共建"一带一路"作为对外开放和对外合作的管总规划，巩固合作基础，拓展合作领域。当前阶段，仍有许多投资协议正在谈判中。此外，由于地区差异，"一带一路"沿线各国之间的利益并不总是完全一致的。因此中国企业在"一带一路"沿线国家进行投资时，仍应考虑可能面临的环境风险、经济基础风险、政治风险，并考虑其自然资源潜力。

4 "一带一路"沿线国家绿色能源领域可持续投资综合指标构建

4.1 概述

气候变化是我们星球面临的最严重的危机之一。气候变化的经济代价非常高（Moore et al., 2015）。现在，世界正处于可再生能源革命的风口浪尖。在过去的几十年中，绿色能源的扩张已经成为应对气候变化威胁的一种补救措施。各国高度重视绿色能源技术的发展。预计在发展中经济体的带动下，全球绿色能源投资每年都会增长。从2006年到2015年，对可再生能源的投资为2.2万亿美元，2015年达到创纪录的2 859亿美元（Bloomberg New Energy Finance, 2016）。这些投资使全球可再生能源容量实现了有意义的增长。2015年，可再生能源的装机容量达到200万兆瓦，几乎是2006年的两倍（IREA, 2016）。

预计到2040年，全球能源需求将上升到30%（World Energy Outlook, 2017）。在新电力生产能力方面的能源投资将增加到10.2万亿美元，其中绿色能源生产规模约为7.4万亿美元（BP Statistical Review, 2019）。2013年，中国提出建立一个价值数万亿美元的贸易网络，即共建"一带一路"倡议，旨在六个主要经济走廊之间建立联系和合作。它正在欧洲、亚洲和非洲扩展。随着经济的发展，"一带一路"沿线国家的能源供应成为主要障碍（Rasul, 2016; CGEF, 2019）。BRI国家的能源投资存在一些基本问题。

第一，根据《中国全球能源金融》的报道，中国在参与共建"一带一路"倡议的各个地区和国家中，对清洁和绿色能源项目的投资在能源生产投资总额中所占比例增长了20%~55%（CGEF, 2019）。第二，在共建"一带一路"倡议的推动下，中国在使用清洁能源和先进技术方面产生了持续战略转变。正如国际能源署（IEA）解释的那样，中国在世界风能能源的开发中贡献了三分之一的份额。第三，"一带一路"沿线国家贡献了全球 GDP 的三分之一，并且其人口占世界上无法获得充足电力的总人口的 60%（Palit et al., 2016）。第四，共建"一带一路"的许多国家缺乏必要的能源供应，依赖进口的常规能源。第五，石油价格在全球市场上表现出很高的不确定性，这可能会导致未来化石燃料的供应无法预测（Shah et al., 2019）。"一带一路"沿线国家对可再生能源的投资已引起了广泛的关注，并为绿色能源的发展提供了广阔的机遇。在过去的十年中，ESG 投资标准已在多家公司的可持续投资策略中发挥了关键作用，而这些新的投资策略已变得相当流行（Hoepner et al., 2013）。

由于以上问题，意欲在"一带一路"沿线国家开拓市场的企业越来越需要在可持续投资领域中采用更客观、更有用的投资标准。为了对不同国家进行比较分析，需要综合考量来自多个来源的信息。因此，使用综合指标是一种简单而可靠的工具（Gibari et al., 2019）。基于指标的方法已被人从各种角度运用于广泛研究，例如，测量空气质量指标（Zhan et al., 2018），进行可持续性分析（Doukas et al., 2012），评估可持续能源发展（Álvarez et al., 2016）和使用能效指标等（Liu et al., 2016）。目前，有关绿色能源的指数仅有几个，包括：SIT（Lee et al., 2007），FFSI（Ediger et al., 2007），AESPI（Martchamadol et al., 2014），EPI（Hsu et al., 2014），GCII（Parad et al., 2014）和 RECAI（Warren, 2015）。SIT（Sustainability Index for Taipei）索引具有 4 个维度和 51 个变量，这些变量分为 ESG 和制度要素。但是作者仅利用了有关可再生能源领域的选择性信息。同样，另一个综合指数 FFSI（Fossil Fuel Sustainability Index）包括 3 个维度："自然周期的破坏""对外部补贴的依赖""资源枯竭"。从绿色能源领域潜在投资者的角度来看，FFSI 可以提供的参考较少，但是，它提供了一种控制化石燃料资源的最有效的措施。同样，有 25 个不同的变量构成了 AESPI（Aggregated Energy Security Performance Indicator），用于评估泰国的能源安全状况，该指数考察了社会、经济和环境创新的各个方面。AESPI 忽略了描述国家制度的变量，这个指数在研究中仅关注了一个国家。EPI（Environmental Performance Index）是另一种流行的综合指数。它包括两个主要的政策目标，即生态系统活力和环境健康，并具有 9 个关键类别。这 9 个类别是综合性的，但该指数在反映 ESG 和国家制度层面以及投资环境方面并不出色。此外，GCII（The Global Clean-tech Innovation Index）包括两个主要维度，即"创新的投入"和"创新的产出"以及 4 个子标准。它涵盖了清洁技术创新方面，但由于缺乏环境、社会和制度层面的考虑，因此不适合可持续投资者使用。RECAI（Renewable Energy Country Attractiveness Index）是另一个众所周知的索引。它涵盖 3 个主要驱动因素，包括特定技术、能源市场和宏观驱动因素的变量。尽管如此，该研究所使用的加权标准和数据集并未公开及共享。同样，它也没有揭示经济、社会、环境和国家制度层面的问题。

本书旨在建立一个与绿色节能投资有关的综合指数，供公共和私人投资者在绿色能源行业的长期投资决策制定中使用。建立该综合指数的目的不仅是提供一种可持续的投资原则，而且旨在加快结构化和简单明了的评估过程，从而可以灵活地组合基本变量，以便开发和丰富既有的综合指数并有效地帮助所有利益相关者获取绿色能源投资的可持续性。

4.2 构建综合指标的步骤

4.2.1 理论框架概述

综合指标的理念是将一个国家、企业或行业的多个不同来源（例如环境质量、经济健康程度、社会和政治状况等）的信息整合起来（Lee et al.，2015）。在实践中，理论框架为选择变量提供了标准，并且能够客观地结合这些变量中包含的信息（Nardo et al.，2008）。综合指标可用于为决策提供信息，对信息排名并进行比较分析。

4.2.2 变量选择

创建综合指标的优缺点主要和在其构造中所使用的变量的性质相关。在理想情况下，应根据变量的相关性、准确性、重要性、可行性和可信度选择变量（Niemeijer et al.，2008；Gibari et al，2019）。既有研究在选择变量时广泛使用了上述基本标准（Lee et al.，2015；Cîrstea et al.，2018）。

4.2.3 变量的选择程序

我们需要多个维度的数据来建立综合指标，包括一个国家的经济、社会、环境和体制方面。数据选择程序应基于国家（地区）的覆盖范围、相关性、可测量性以及所描述维度对变量的分析稳健性（Lee，2015）。这对数据可用性构成了限制。我们重点关注了 47 个 BRI 国家在 2006—2015 年的面板数据。我们将来自《全球竞争力报告》、国际可再生能源署、世界银行、国际货币基金组织、国际能源署等数据库的多种来源的数据进行合并。

4.2.4 变量的标准化、分类、加权和聚合

因为变量通常具有不同的度量单位，所以在构建综合指标之前必须进行变量的归一化。归一化之后，我们还需要分类判断特定变量与基础指数是正相关还是负相关（Mazziotta et al.，2013）。普遍采用的方法包括最小-最大规格化、等级化、z分数计算、分类标度、循环变量等（Nardo et al.，2008）。

在构建综合指标时，变量的权重可能会对整个综合指标和后续结果产生重要影响。目前主要使用的加权方法分为三类：客观权重、主观权重以及两者的混合（Nardo et al.，2008；Wang et al.，2009）。主观加权方法在现有文献中很少使用，而客观加权方法则广泛用于评估环境、经济、社会和生态方面。加权方法的一些常用技术包括熵方法、最小—最大偏差方法、主成分分析（PCA）、TOPSIS方法、变异系数、多目标和最小均方（LMS）方法（王俊杰 等，2009）。我们使用熵加权方法来获取综合指标的权重。

在为变量分配权重之后，还需要一种适当的聚合方法。聚合方法主要分为三类，即线性聚合方法、几何聚合方法和两者的组合。它们之间的主要区别在于是否具有可补偿性。在线性聚合方法中，与多个变量中的良好性能相对应的正值可补偿其他变量的负值（Paruolo et al.，2013），该功能称为补偿。在多目标决策（MCDM）方法中，则使用补偿性较小的非线性聚合方法（Billaut et al.，2009；Munda et al.，2009）。因此，大多数学者认为，当将单个变量汇总到一个综合指数中时，MCDM方法非常适合多维结构（Freudenberg，2003；Nardo et al.，2008；OECD，2008；Lee et al.，2015）。在本书中，我们使用TOPSIS方法进行测试，这是一种非线性聚合方法。

4.2.5 稳健性和敏感性检验

GESII的稳健性问题可以基于变量的选择、数据的处理、数据标准化、权重的选择以及聚类的方法进行检验。有多种敏感性检验可以用来评估指标的稳健性。我们使用敏感性检验来评价综合指标中的输出指标。我们的敏感性分析说明了输入变量变化对综合指标的影响。本书中，我们使用稳健性指数方法（Lee et al.，2015）来检验我们的指标是否能提供稳定的国家（地区）排名。如果由本书开发的GESII指数计算得出的历年国家（地区）排名较为稳定，则表明该指数具有更理想的功能。

4.3 绿色能源可持续投资指标的构建

图 4-1 介绍了本书建立绿色能源可持续投资指标（GESII）的必要步骤。以下分别对各个步骤具体如何实施进行说明。

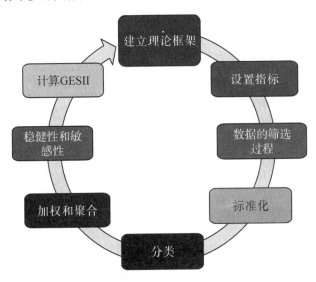

图 4-1　绿色能源可持续投资指标（GESII）的必要步骤

4.3.1 理论框架

这项研究的范围包括 47 个"一带一路"国家，研究将涵盖对这些国家绿色能源领域可持续投资的四类国家级变量的分析，即环境、社会、经济和制度。本部分研究的 47 个"一带一路"国家名单参见表 4-1。为了尽可能详尽地刻画这些国家在环境、社会、经济和制度四个维度的特点，我们从不同的国际权威数据库中总共选择了 22 个变量来构建每个国家的绿色能源可持续投资指标（GESII）。建立 GESII 的中心概念是从 ESG 的理念以及 SRI（Socially Responsible Investment，对社会负责的投资）方法中获得的。随着可持续投资的不断增长，了解 ESG 评分方法变得至关重要。ESG、SRI 和可持续投资现已成为企业投资者决策中越来越重要的标准。绿色能源可持续投资指标（GESII）主要测度以下几个方面的内容：

（1）针对公司投资者、政策分析师、研究人员和有关方面的可持续投资方案。

（2）一个国家在环境、社会、经济和制度方面的相对进步。

（3）一个国家在 47 个 BRI 国家中的相对可持续投资排名。

表 4-1   本章研究的 47 个"一带一路"国家

国家名称	缩写	国家名称	缩写	国家名称	缩写
阿尔巴尼亚	ALB	格鲁吉亚	GEO	波兰	POL
亚美尼亚	ARM	约旦	JOR	罗马尼亚	ROU
阿塞拜疆	AZE	北马其顿	SMK	俄罗斯	RUS
孟加拉国	BGD	吉尔吉斯斯坦	KGZ	沙特阿拉伯	SAU
波黑	BIH	拉脱维亚	LVA	塞尔维亚	SRB
文莱	BRN	黎巴嫩	LBN	新加坡	SGP
保加利亚	BGR	立陶宛	LTU	斯洛伐克	SVK
柬埔寨	KHM	马来西亚	MYS	斯洛文尼亚	SVN
克罗地亚	HRV	摩尔多瓦	MDA	斯里兰卡	LKA
捷克	CZE	蒙古国	MNG	塔吉克斯坦	TJK
埃及	EGY	黑山	MNE	泰国	THA
爱沙尼亚	EST	尼泊尔	NPL	土耳其	TUR
匈牙利	HUN	以色列	ISR	乌克兰	UKR
印度	IND	哈萨克斯坦	KAZ	阿联酋	ARE
印度尼西亚	IDN	巴基斯坦	PAK	越南	VNM
伊朗	IRN	菲律宾	PHL		

4.3.2   变量选择

绿色能源可持续投资指标（GESII）包含的变量可分为四个主要方面，即环境、社会、经济和制度。对变量进行清晰的描绘始终是政策制定者面临的重大挑战。毫无疑问，变量选择是一项艰巨的任务，因为每个维度都存在大量潜在变量。尽管如此，人们只能从其中选择一部分勾勒出一个故事，因为在可持续投资文献的框架内，变量的选择仍然是未解决的问题（Castillo et al., 2010; Talan et al., 2019）。

一方面，选择较少的变量会导致在研究环境、社会、经济和制度层面时缺少必要的因素。另一方面，选择更广泛的变量实际上不可行。在本书中，变量选择过程基于每个维度的相关性、有效性、度量一致性和数据可获得性。表4-2总共列出了22个变量，分为环境、社会、经济和制度四个关键方面。详细的变量选择内容及其对绿色能源可持续投资指标（GESII）的影响方向请参见表4-2。后文会对各变量的选取思路及其对绿色能源可持续投资指标（GESII）的影响方向进行说明。

表4-2 GESII 的变量选择

维度	变量	单位	缩写	对GESII的影响方向	文献来源	可用数据库
环境维度	可再生能源消耗	占最终能源消耗的百分比	REC	正向	（Cîrstea et al., 2018）	WB
	人均燃料燃烧产生的CO_2排放量	每吨二氧化碳/人	CO_2	负向	（Shah et al., 2019）	IEA
	石油、天然气和煤炭生产的电力	占总数的百分比	EPOGC	负向	（Lee et al., 2015）	WB
	可再生能源的发电能力	兆瓦	ECRE	正向	（Cîrstea et al., 2018）	IRENA
	总可再生能源发电量	兆瓦时	EG-TRE	正向	（Shah et al., 2019）	IRENA
社会维度	人均用电量	千瓦时/人	ECP	正向	（Lee et al., 2015）	WB
	电力输配损失	发电百分比	EPT&DL	负向	（Lee et al., 2015）	WB
	最新技术的可用性	得分1~7（最佳）	ALT	正向	（Cîrstea et al., 2018）	GCR 2017
	金融服务的负担能力	得分1~7（最佳）	AFS	正向	（Cîrstea et al., 2018）	GCR 2017
	创新能力	得分1~7（最佳）	CI	正向	（Cîrstea et al., 2018）	GCR 2017
	科研机构质量	得分1~7（最佳）	QSRI	正向	（Cîrstea et al., 2018）	GCR 2017
	公司研发支出	得分1~7（最佳）	CS R&D	正向	（Cîrstea et al., 2018）	GCR 2018
	投资者保护强度	得分0~10（最佳）	SIP	正向	（Cîrstea et al., 2018）	GCR 2017
经济维度	债务占GDP比重	百分比	DGDP	负向	（Lee et al., 2015）	TE
	通货膨胀率	百分比	INFR	负向	（Cîrstea et al., 2018）	WB
	GDP增长率	年度百分比	GDP	正向	（Lee et al., 2015）	WB
	FDI（外国直接投资）净流入	占GDP的百分比	FDI	正向	（Lee et al., 2015）	WB
	失业率	占总劳动力的百分比	UPR	负向	（Lee et al., 2015）	IMF

表4-2(续)

维度	变量	单位	缩写	对GESII的影响方向	文献来源	可用数据库
制度维度	政府效力	得分-2.5~2.5（最强）	GE	正向	（Duan et al., 2018）	WB
	政治稳定和没有暴力/恐怖主义	得分-2.5~2.5（最强）	PS	正向	（Lee et al., 2015）	WB
	腐败控制	得分-2.5~2.5（最强）	CC	正向	（Duan et al., 2018）	WB
	监管质量	得分-2.5~2.5（最强）	RQ	正向	（Lee et al., 2015）	WB

注：GCR——《全球竞争力报告》，IEA——国际能源署，IMF——国际货币基金组织，IRE-NA——国际可再生能源署，TE——《贸易经济学》，WB——世界银行。

4.3.2.1 环境维度

在这个维度，我们选择了一组变量来评估每个国家的整体环境状况，并讨论这些变量将如何与绿色能源投资部门相关联。

可再生能源消耗的计量方法如下：

percent of renewable energy consumption

$$= \frac{\text{total energy consumption from renewable sources}}{\text{total final energy consumption}}$$

REC（renewable energy consumption，可再生能源消耗）是在减少能源消耗的环境影响方面取得进展的重要标志。通常认为，可再生能源对环境比不可再生能源更加友好，特别是在降低温室气体排放方面。因此，该变量与绿色能源可持续投资指标相关度非常高，并且在我们的指数计算中有正向作用。

以人均吨数衡量的石油、煤炭和天然气燃烧产生的二氧化碳排放量为任何国家（地区）提供了至关重要的环境指标——二氧化碳排放量高表明环境受到严重污染。2016年，全球燃料燃烧产生的 CO_2 排放量达到 32.31 $GtCO_2$（IEA，2018）。因此，一国的人均燃料燃烧产生的 CO_2 排放量在我们的指数计算中为负向影响。

EPOGC（electricity production from oil, gas and coal sources，石油、天然气和煤炭生产的电力）指的是由煤炭、天然气和石油产生的电力占所有能源的比例。2015年，EPOGC 的全球份额达到 65.236%，大大高于其他来源（WDI，2019）。如果一个国家从不可再生能源（石油、天然气和煤炭）中生产更多的能源，温室气体的排放量将会增加。此外，EPOGC 还指出了实现环境可持续性目标的挑战。如果一个国家严重依赖不可再生能源，那么政府转向绿色能源将更加困难。因此，EPOGC 在我们的指数计算中属于负向影响。

ECRE（electricity capacity from renewable energy，可再生能源发电能力）是指水力、风能、太阳能、生物能和地热能生产来源的发电能力。ECRE 衡量一个国家使用可再生能源发电的能源技术的最高净生产能力。2021 年，全球可再生能源发电容量达到 3 064 GW，可再生容量增长 9.1%。水能发电容量位居第一，装机容量为 1 230 GW，其后是太阳能（849 GW）、风能（825 GW）、生物能（143 GW）、地热（16 GW）和海洋能（524 MW）（IRENA，2022）。如果一个国家的绿色能源发电能力更高，则能源生产将更具可持续性，并且对环境的危害也将减少，为它们对温室气体排放的贡献将大大减少。因此，ECRE 在指数计算中属于正向影响。

EG-TRE（electricity generation-total renewable energy，总可再生能源发电量）是指一个国家绿色能源的实际发电量。与 ECRE 不同，后者涉及可再生能源的发电量。因此，EG-TRE 在指数计算中属于正向影响。

4.3.2.2 社会维度

在这个维度，我们选择了一组变量来表述一个国家的社会环境，拟使用一组我们认为与我们将构建的绿色能源可持续投资指标（GESII）高度相关的变量。

人均用电量，即 ECP（electricity consumption per population）。高 ECP 意味着更高的电力消耗以及更容易获取电力设备。该指标也与许多社会经济变量高度相关，例如现代社会可获得更多现代技术（例如手机和计算机）。能源服务的可用性和可负担性可以确保可持续的社会和经济发展（Cîrstea et al.，2018）。如果在一个国家电力设备可以被更加有效率地获得，那么该国家就会消耗更多的电力。因此，ECP 在指数计算中属于正向影响。

电力输配损失，即 EPT&DL（electric power transmission and distribution losses），是指配电和输电损耗占总发电量的百分比。无效的传输系统会导致许多社会问题。同样，传输损耗可能会降低配电系统的可靠性并导致停电。在其他方面，如果输电系统较弱，则会对绿色能源部门的增长产生不利影响。因为各种绿色能源发电厂主要建在远离能源消耗中心的地方（Madrigal et al.，2012）。因此，EPT&DL 在指数计算中属于正向影响。

最新技术的可用性，即 ALT（availability of latest technologies），以 1~7 的比例衡量，最大的是 7（GCR，2017）。当今社会通过最新技术来稳定管理和进行发展。简而言之，一个国家的高 ALT 有助于在包括社会和经济发展在内的多个方面提供广泛的帮助。除此之外，一国的 ALT 值较低也可能会阻碍其绿色能源领域的发展。因此，ALT 在指数计算中属于正向影响。

金融服务的负担能力，即 AFS（affordability of financial services），代表金融服务的可负担性，范围为 1~7，其中 7 是企业和个人最大的负担量（GCR，2017）。AFS 衡量一个国家的公司绩效和金融服务成本（例如，贸易融资、贷款和保险），还关注一个国家的整体业务网络状况和投资资源的可用性。金融发展通过解决金融市场在扩大绿色能源领域中的作用来促进社会发展（Kim et al.，2016）。因此，AFS 强的国家将拥有更高的 GESII 分数。

创新能力，即 CI（capacity for innovation），以 1~7 的等级衡量，其中 7 表示最高程度（GCR，2017）。CI 用于衡量公司在一个国家中具有何种程度的创新能力。创新能力是组织或公司的基本概念，它决定了国家的创新潜力和发明水平。如果一个国家在采用新服务、新产品和新做法方面具有更强的创新能力，那么该国将更容易解决最紧迫的社会问题，例如医疗保健和自然环境问题。此外，绿色能源部门的创新能力也将有助于促进农村发展，提升可持续性并改善环境条件（Hostettler et al.，2015）。因此，高水平的创新能力对应于高 GESSI 分数。

科研机构质量，即 QSRI（quality of scientific research institutions），其范围为 1~7，其中 7 意味着一个国家拥有非常高的科研机构质量（GCR，2017）。该指标用来衡量一个国家的科学进步潜力以及绿色能源技术的使用范围。QSRI 也是经济增长和社会福祉的强大引擎（Stephan，2012）。因此，拥有更高 QSRI 分数的国家（地区）在 GESII 指数中排名也更高。

公司研发支出，即 CS R&D（company spending on R&D），代表公司在 R&D 上的支出，其范围为 1~7，其中 7 意味着非常高的 R&D 支出（GCR，2017）。最近，全球研发支出已达到约 1.7 万亿美元。其中 80% 的研发支出来自十个国家，这些国家承诺到 2030 年稳定地加大公共 R&D 支出和私人 R&D 支出（UIS，2019）。大公司在研发方面的支出意味着社会和经济将在公司层面的驱动下高速发展，这对绿色能源领域的潜在投资者而言是一个积极的信号。因此，拥有高 CS R&D 得分的国家/地区在 GESII 中排名也较高。

投资者保护强度，即 SIP（strength of investor protection），是指保护投资者的力量，它是"董事责任程度指数"、"披露程度指数"和"股东诉讼便利度指数"三个指标的组合。其取值范围为 0~10，其中 10 分代表最高的投资者保护水平（GCR，2017）。因此，SIP 在指数计算中属于正向影响。

4.3.2.3 经济维度

在这个维度，使用一组变量来表示一个国家的经济实力和投资方案。

债务占 GDP 比重，即债务与 GDP 的比率，是指给定年份的外部贷款与一国 GDP 的比率。如果一个国家无力偿还债务，则有违约的风险。经济发达的国家被认为违约风险较小。理论和经验证据表明，高外债导致计划外利率增加，并增加了政府支出的负担（Hu，2019）。通常认为高外债不利于投资，特别是不利于绿色能源投资者投资（IRENA et al.，2018）。因此，较低的债务与 GDP 的比率将有利于投资，并且变量对综合指标有负向影响。

GDP 增长率是主要的宏观经济变量。高增长率预示着良好的投资环境。因此，GDP 增长率对综合指标有正向影响。

通货膨胀率是指给定时期内经济中总体价格水平的增长率。宏观经济理论将低通胀与高经济增长联系在一起。当出现通货膨胀问题时，人们的收入增加并不能适当抵消通货膨胀。因此，过度的通货膨胀将对投资者构成威胁，这会减少公司的利润并导致经济停滞。通货膨胀率也反映了一个国家的货币政策。因此，选择通货膨胀率作为经济变量对于了解投资环境及其对投资回报价值的影响至关重要。通货膨胀率在我们的指数计算中为负数。

FDI（外国直接投资）净流入是外国投资者对该国的直接投资额。外国直接投资的稳定流入标志着可再生能源发展的潜在优势，例如，筹集资金、增加技术研究、创造就业机会和促进环境保护（Keeley，2018）。因此，外国直接投资高且可持续，在我们的指数计算中归属于正向影响。

失业率是指失业工人在总劳动力中所占的百分比。高失业率在经济上是负面信号，也是社会动荡的潜在根源。因此，高失业率被认为不利于一国的投资环境。失业率在我们的指数计算中为负数。

4.3.2.4 制度维度

在这个维度，我们采用了四个变量来表示一个国家的机构/治理环境。

政府效力，即 GE（government effectiveness），指的是一国政府的有效性，其评估范围是-2.5 至 2.5，其中 2.5 代表了较高的政府有效性。它包括对有关公共服务质量和政策实施有效性的测度。GE 不包括政治影响力或国际影响力以及一国政府机构效率的可靠手段。具有有效治理的国家会吸引更多的外国投资者（Montes et al.，2019）。因此，GE 在指数计算中属于正向影响。

政治稳定和没有暴力/恐怖主义，即 PS（political stability and absence of violence/terrorism），其取值范围是-2.5 至 2.5，其中 2.5 表示高度的政治稳定。它包括对出于政治动机的暴力（非法或强制手段）的可能性的测量。PS 得分越高意味着对国外投资者来说该国投资环境越好（Kaufmann et al.，2010）。因此，PS 在指数计算中属于正向影响。

腐败控制，即 CC（control of corruption），指的是对腐败的控制，其取值范围为-2.5到2.5，其中2.5表示对腐败的高度控制。它衡量了制止和打击腐败的政府政策和体制结构的有效性和实力。高度腐败会导致经济增长中断，并损害私人投资者的利益（Cieślik et al.，2018）。因此，CC 在指数计算中属于正向影响。

监管质量，即 RQ（regulatory quality），是指该国监管框架的质量，其取值范围为-2.5至2.5，其中2.5代表最高的监管机构的质量。完善的监管机构与经济发展有着积极的关系，这有助于吸引投资和推动私营部门的发展。监管质量的提高可以通过为私营部门制定适当和充分的激励措施来促进投资的可持续和经济的增长（Sahin et al.，2019）。因此，监管质量在指数计算中属于正向影响。

4.4　研究方法

4.4.1　数据的标准化

用于构建 GESII 的变量有不同的度量单位。如表4-2中，环境和经济维度中的大多数变量以百分比为单位，而社会和制度维度的变量以分数和名次为单位。因此，在加权和汇总前，必须将变量转换为无差异值。有几种方法可以将数据标准化，其中，最常见的是用最小—最大标准化的方法来构建一组相应的变量（Lee et al.，2015）。在表4-2中，对指数有正向影响的变量将使用式（4-1）进行标准化；与指数成反比关系的变量将通过式（4-2）进行标准化。

$$I_{j,k}^{+ve} = \frac{I_{j,k} - I_{\min}}{I_{\max} - I_{\min}} \tag{4-1}$$

$$I_{j,k}^{-ve} = \frac{I_{\max} - I_{j,k}}{I_{\max} - I_{\min}} \tag{4-2}$$

其中 $I_{j,k}^{+ve}$ 表示变量 j 对 k 国的 GESII 产生正向影响，$I_{j,k}^{-ve}$ 表示变量 j 对 k 国的 GESII 有负向影响，$I_{j,k}$ 表示 k 国变量 j 的值，$I_{\min}$ 显示 k 国变量 j 的最小值，$I_{\max}$ 表示 k 国变量 j 的最大值。

4.4.2　加权与聚合

加权和汇总方法通常用于变量类型选择。选择变量后，我们需要为变量确定权重，然后对其求和以构建指数。获取权重的方法有加权最小二乘法、特征向量法、熵权法、层次分析法（AHP）等。在本章中，我们使用熵权法来获得 GESII 各变量相应的权重。熵权法克服了专家判断的主观性，是一种客观的加权方法（Wang et al., 2017）。在信息论中，熵权法完全依靠变量中包含的信息量来计算变量权重（Duan et al., 2018）。因此，熵权法适用于获得每个变量的相对权重。熵权法的步骤如下：

步骤 1. 变量单位的标准化

假设有 m 方面需要评估且有 n 个评价指标，决策矩阵为 $D = (X_{ij})\ m \times n$。标准化方法包括两种类型：如果指标为"效益型"，则标准化的估计值可由式（4-3）进行计算；如果指标为"成本类型"，则标准化的估计值可通过式（4-3a）计算。

$$X_{ij} = \frac{X_{ij} - X_{ij\,min}}{X_{ij\,max} - X_{ij\,min}} \tag{4-3}$$

$$X_{ij} = \frac{X_{ij\,max} - X_{ij}}{X_{ij\,max} - X_{ij\,min}} \tag{4-3a}$$

步骤 2. 计算熵值

根据信息熵，第 j 个指标的熵值可由（公式 4-3b）计算。

$$E_j = -H \sum_{i=1}^{m} X_{ij} \ln X_{ij} \tag{4-3b}$$

其中，E_j 表示熵值，（$i = 1,\ 2,\ \cdots,\ m$；$j = 1,\ 2,\ \cdots,\ n$），$H = \dfrac{1}{\ln(m)}$，m 是状态熵值替代方案数（Hwang et al., 1981）。

步骤 3. 计算权重向量

第 j 个指标的熵权向量可用式（4-3c）计算。

$$W_j = \frac{1 - E_j}{\sum_{i=1}^{m} (1 - E_j)} \tag{4-3c}$$

其中，$1 - E_j$ 为多元化程度（degree of diversification）。（$j = 1,\ 2,\ \cdots,\ n$）。

管理科学和现代运筹学允许运用多种工具构建一个综合指数（Shah et al., 2019）。近年来，构建综合指数的加权方法可以分为两种：间接法和直接法。在本书中，我们主要讨论 MCDM 法（Multi-Criteria Decision Making）。MCDM 法（加权乘积、简单加权和 TOPSIS）是用于分配权重和加权变量以构建复合指数的标准程序（Nardo et al., 2008；Zhou et al., 2009）。MCDM 法被广泛用于处理涉及多个目标的复杂决策问题（Mao et al., 2016；Marttunen et al., 2017）。TOPSIS 法在汇总变量时造成的信息损失最小，比其他 MCDM 法更适用。因此，我们用 TOPSIS 理论来加权变量用以构造 GESII。最初，Yoon（1980）、Hwang 和 Yoon（1981）提出了 TOPSIS 法的两种基本解释，即"正理想解"和"负理想解"。正理想解使成本标准（负变量值）最小化，使收益标准（正变量值）最大化。相反，负理想解使收益标准最小化，使成本标准最大化。最佳的选择是最接近"正理想解"且与"负理想解"差距最大（Mao et al.，2016）。TOPSIS 法有助于在决策过程中保留有限数量的前景和选择，并减少了成对比较的需要（Shih et al., 2007；Wang, 2015），此外，它还受到了实践者和研究者的广泛关注，因此，我们将其用于本书的研究。TOPSIS 法的步骤如下：

步骤 1. 计算标准化矢量

标准化向量值 $X_{ij}[i=1, 2, \cdots, m(\text{alternative}) ; j=1, 2, \cdots, n(\text{indicators})]$ 估算为：

$$X_{ij} = \frac{Y_{ij}}{\sqrt{\sum_{j=1}^{n} Y_{ij}^2}} \tag{4-4}$$

其中，Y_{ij} 是第 j 个指标相对于第 i 个备选方案的功能值。

步骤 2. 加权标准化矩阵

其中，T_{ij} 表示指标 j 的权重。用式（4-5）结合标准化矩阵的功能值估算加权标准化决策矩阵（W_{ij}；$i=1, 2, \cdots, m$；$j=1, 2, \cdots, n$）。

$$W_{ij} = A_{ij} \times X_{ij} \tag{4-5}$$

步骤 3. 计算最佳理想值和最差理想值

$$A_j^+ = [a_1^+ + a_2^+ + \cdots + a_n^+]$$

$$= \left[(\text{max. } aij/j = j_1) , \frac{(\text{max. } aij/j = j_2)}{i} = 1, 2, \cdots, m \right] \tag{4-6}$$

$$A_j^- = [a_1^- + a_2^- + \cdots a_n^-]$$

$$= \left[(\text{min. } aij/j = j_1) , \frac{(\text{min. } aij/j = j_2)}{i} = 1, 2, \cdots, m \right] \tag{4-7}$$

其中 A_j^+ 表示理想（最佳）值，A_j^- 表示理想（较差）值，j_1 表示受益标准，j_2 表示非受益标准。

步骤 4. 计算欧氏距离

计算欧氏距离，即使用式（4-7）和式（4-8）所代表的正、负理想解进行方案（国家）的欧氏距离计算。

$$d_i^+ = \sqrt{\sum_{j=1}^{n} (X_{ij} - A_{ij}^+)^2}, \ i=1, 2, \cdots, n \tag{4-8}$$

$$d_i^- = \sqrt{\sum_{i=1}^{n} (X_{ij} - A_{ij}^-)^2}, \quad i = 1, 2, \cdots, n \qquad (4-9)$$

步骤 5. 计算绩效评分值

$$R_i = \frac{d_i^-}{d_i^+ + d_i^-}, \quad i = 1, 2, \cdots, n \qquad (4-10)$$

其中 R_i 是绩效得分值（相对接近最优解的值），$R_i \in [0, 1]$。

步骤 6. 确定备选方案的排序

最后，基于计算得出的绩效得分，确定备选方案的排序。R_i 越大，则选项 A_i 越好，绩效得分越高，与理想解决方案相对最接近的备选方案（国家）就是最佳选择。

4.5 研究结果

4.5.1 绿色能源可持续投资指标计算结果

我们通过对 47 个 "一带一路" 国家四个维度的总体状况进行比较分析，获得各国的绿色能源可持续投资指标 GESII 的得分结果。详情请参见表 4-3 和表 4-4。表 4-3 为 2006—2015 年每个国家的 GESII 总体排名和得分，通过对所有国家得分的描述来对 BRI 国家在绿色能源部门可持续投资方面的地位进行排名。表 4-4 为 2015 年 GESII 的划分情况，同时解释了相应国家在各个维度上的表现。除 2008、2009 年外，2006—2015 年，新加坡 GESII 最高，其次为以色列、黑山、柬埔寨和阿联酋。没有任何国家在四个维度上的排名均为最高，且所有维度排名均不同。这意味着，即使是高绩效国家也有很大的发展空间。例如，新加坡在多数维度中均排名第一，但环境维度排名不是第一，原因是其在减少二氧化碳排放方面表现不佳，可再生能源在发电量和容量中所占份额很小。

表4-3 2006—2015年47个"一带一路"国家的绿色能源可持续投资指标 GESII 排名及得分

排名	2006	2007	2008	2009	2010	2011	2012	2013	2014	2015
1	SGP (0.520)	SGP (0.530)	HUN (0.495)	MNE (0.529)	SGP (0.576)	SGP (0.585)	SGP (0.590)	SGP (0.596)	SGP (0.594)	SGP (0.602)
2	AZE (0.488)	ISR (0.437)	SGP (0.494)	SGP (0.523)	ISR (0.509)	ISR (0.502)	ISR (0.504)	ISR (0.472)	ARE (0.452)	ISR (0.466)
3	ISR (0.445)	AZE (0.436)	ISR (0.449)	ISR (0.450)	IND (0.490)	KHM (0.483)	ARE (0.477)	KHM (0.469)	EST (0.447)	MNE (0.454)
4	ARE (0.433)	HUN (0.429)	KHM (0.427)	KHM (0.430)	EST (0.459)	ARE (0.463)	KHM (0.470)	ARE (0.461)	ISR (0.444)	KHM (0.449)
5	KHM (0.426)	KHM (0.426)	MNE (0.418)	IND (0.423)	KHM (0.457)	MNE (0.451)	LKA (0.468)	MNE (0.444)	MNE (0.430)	ARE (0.449)
6	IND (0.424)	IND (0.419)	ARE (0.408)	LKA (0.408)	MYS (0.455)	MYS (0.447)	MYS (0.457)	MYS (0.438)	KHM (0.426)	MYS (0.430)
7	LVA (0.410)	ARE (0.400)	IND (0.408)	BRN (0.403)	LKA (0.452)	EST (0.447)	MNE (0.455)	IND (0.426)	MYS (0.426)	EST (0.421)
8	JOR (0.403)	LKA (0.400)	LKA (0.395)	ARE (0.402)	ARE (0.450)	LVA (0.443)	EST (0.453)	EST (0.421)	LVA (0.420)	IND (0.417)
9	EST (0.402)	EST (0.396)	NPL (0.388)	EST (0.399)	BRN (0.441)	IND (0.438)	IND (0.448)	LVA (0.421)	GEO (0.410)	LVA (0.416)
10	MYS (0.399)	MYS (0.396)	MYS (0.387)	NPL (0.396)	POL (0.433)	BRN (0.438)	LTU (0.447)	LTU (0.413)	IND (0.407)	LTU (0.409)
11	LKA (0.393)	LVA (0.387)	JOR (0.384)	POL (0.386)	CZE (0.433)	LKA (0.432)	LVA (0.440)	IDN (0.408)	LTU (0.405)	LKA (0.407)
12	MNE (0.390)	JOR (0.381)	SVN (0.379)	MYS (0.379)	MNE (0.432)	LTU (0.432)	BRN (0.432)	LKA (0.398)	LKA (0.402)	POL (0.396)
13	CZE (0.378)	SVN (0.379)	CZE (0.377)	JOR (0.378)	NPL (0.432)	POL (0.430)	POL (0.430)	TUR (0.395)	POL (0.401)	IDN (0.393)
14	HUN (0.376)	MNE (0.375)	EST (0.375)	CZE (0.377)	LTU (0.432)	CZE (0.408)	IDN (0.430)	NPL (0.389)	CZE (0.401)	CZE (0.391)
15	POL (0.371)	GEO (0.372)	POL (0.371)	SVN (0.377)	SVN (0.426)	IDN (0.408)	CZE (0.421)	POL (0.389)	IDN (0.390)	GEO (0.388)
16	IDN (0.370)	CZE (0.371)	BRN (0.371)	IDN (0.368)	IDN (0.416)	TUR (0.406)	THA (0.416)	GEO (0.388)	NPL (0.388)	BRN (0.387)
17	NPL (0.368)	POL (0.371)	IDN (0.370)	VNM (0.361)	THA (0.412)	SVN (0.397)	NPL (0.402)	CZE (0.386)	BRN (0.384)	NPL (0.385)
18	SVN (0.367)	NPL (0.369)	VNM (0.370)	LBN (0.361)	TUR (0.410)	HUN (0.396)	SVN (0.399)	BRN (0.386)	HRV (0.382)	SVN (0.373)
19	BRN (0.363)	BGR (0.367)	MNG (0.364)	SAU (0.359)	LVA (0.405)	NPL (0.396)	HUN (0.398)	THA (0.380)	SVN (0.381)	JOR (0.366)
20	BGR (0.359)	BRN (0.357)	BGR (0.354)	THA (0.354)	SAU (0.397)	GEO (0.393)	JOR (0.397)	PHL (0.378)	HUN (0.376)	THA (0.361)
21	THA (0.354)	IDN (0.357)	SAU (0.351)	LVA (0.351)	GEO (0.391)	MNG (0.392)	TUR (0.394)	JOR (0.375)	JOR (0.368)	TUR (0.358)
22	TUR (0.351)	LTU (0.352)	THA (0.350)	MNG (0.346)	VNM (0.391)	JOR (0.383)	GEO (0.391)	MNG (0.371)	THA (0.354)	VNM (0.357)
23	BGD (0.348)	VNM (0.351)	LVA (0.348)	BGD (0.346)	MNG (0.390)	SAU (0.381)	PHL (0.388)	VNM (0.370)	SMK (0.352)	SMK (0.352)
24	VNM (0.347)	BGD (0.349)	BGD (0.345)	HRV (0.344)	BGD (0.386)	SRB (0.378)	MNG (0.386)	SMK (0.367)	VNM (0.350)	MNG (0.352)
25	SVK (0.345)	THA (0.348)	HRV (0.343)	KAZ (0.342)	HRV (0.379)	VNM (0.371)	SAU (0.384)	SVN (0.365)	ALB (0.349)	HRV (0.348)

表4-3（续）

排名	2006	2007	2008	2009	2010	2011	2012	2013	2014	2015
26	GEO (0.343)	SVK (0.348)	LBN (0.341)	ALB (0.338)	JOR (0.377)	THA (0.369)	HRV (0.384)	ALB (0.361)	PHL (0.344)	PHL (0.348)
27	KAZ (0.334)	HRV (0.341)	AZE (0.335)	SMK (0.336)	SVK (0.377)	BGD (0.367)	SMK (0.382)	MDA (0.356)	BIH (0.342)	HUN (0.346)
28	LTU (0.333)	TUR (0.336)	TUR (0.335)	TUR (0.334)	HUN (0.376)	KAZ (0.366)	BGD (0.377)	BGD (0.355)	TUR (0.339)	BGR (0.345)
29	PAK (0.333)	MNG (0.334)	SMK (0.334)	PAK (0.331)	PAK (0.373)	SMK (0.366)	VNM (0.373)	TJK (0.351)	BGD (0.336)	SAU (0.342)
30	MNG (0.331)	LBN (0.326)	KAZ (0.332)	TJK (0.326)	TJK (0.370)	HRV (0.365)	KAZ (0.361)	KGZ (0.351)	MNG (0.332)	ALB (0.341)
31	ROU (0.331)	KAZ (0.324)	PAK (0.331)	SRB (0.326)	PHL (0.368)	SVK (0.363)	PAK (0.361)	HRV (0.349)	SRB (0.331)	SRB (0.334)
32	HRV (0.330)	SMK (0.320)	SVK (0.329)	HUN (0.325)	SMK (0.365)	TJK (0.354)	SVK (0.358)	SRB (0.345)	SAU (0.329)	SVK (0.330)
33	SRB (0.330)	PAK (0.319)	ROU (0.327)	SVK (0.322)	LBN (0.360)	PAK (0.345)	LBN (0.357)	SAU (0.344)	PAK (0.328)	KAZ (0.330)
34	RUS (0.328)	SAU (0.317)	GEO (0.327)	GEO (0.319)	RUS (0.360)	LBN (0.344)	TJK (0.348)	KAZ (0.342)	SVK (0.326)	PAK (0.328)
35	TJK (0.324)	RUS (0.315)	TJK (0.325)	AZE (0.318)	KAZ (0.350)	PHL (0.342)	SRB (0.346)	PAK (0.336)	LBN (0.324)	LBN (0.326)
36	MDA (0.312)	PHL (0.315)	LTU (0.320)	BGR (0.316)	EGY (0.347)	MDA (0.335)	BGR (0.341)	ROU (0.334)	KAZ (0.318)	AZE (0.315)
37	SAU (0.311)	EGY (0.313)	MDA (0.317)	EGY (0.315)	SRB (0.346)	BGR (0.333)	AZE (0.341)	AZE (0.333)	MDA (0.313)	BGR (0.313)
38	EGY (0.307)	ROU (0.311)	SRB (0.315)	LTU (0.313)	BGR (0.342)	RUS (0.330)	ROU (0.337)	SVK (0.333)	AZE (0.311)	TJK (0.312)
39	SMK (0.306)	TJK (0.303)	RUS (0.311)	PHL (0.313)	ALB (0.340)	ALB (0.323)	ALB (0.336)	HUN (0.333)	ROU (0.308)	MDA (0.308)
40	PHL (0.301)	SRB (0.303)	EGY (0.311)	RUS (0.303)	MDA (0.340)	ROU (0.319)	RUS (0.336)	LBN (0.332)	BGR (0.306)	ROU (0.307)
41	LBN (0.300)	ARM (0.291)	PHL (0.309)	ROU (0.295)	ROU (0.334)	AZE (0.312)	ARM (0.328)	RUS (0.324)	TJK (0.298)	BIH (0.304)
42	IRN (0.293)	IRN (0.289)	ALB (0.299)	MDA (0.284)	IRN (0.330)	KGZ (0.310)	MDA (0.326)	BGR (0.317)	RUS (0.295)	RUS (0.295)
43	ARM (0.275)	MDA (0.285)	IRN (0.285)	IRN (0.276)	AZE (0.317)	IRN (0.308)	BIH (0.326)	BIH (0.299)	IRN (0.279)	KGZ (0.283)
44	BIH (0.268)	BIH (0.274)	BIH (0.274)	BIH (0.268)	BIH (0.291)	BIH (0.303)	EGY (0.315)	ARM (0.288)	EGY (0.274)	ARM (0.275)
45	UKR (0.258)	UKR (0.267)	KGZ (0.264)	ARM (0.248)	UKR (0.284)	EGY (0.298)	IRN (0.289)	EGY (0.281)	ARM (0.263)	EGY (0.275)
46	ALB (0.215)	ALB (0.236)	UKR (0.255)	KGZ (0.239)	ARM (0.281)	ARM (0.286)	UKR (0.250)	IRN (0.263)	KGZ (0.241)	IRN (0.265)
47	KGZ (0.199)	KGZ (0.232)	ARM (0.251)	UKR (0.217)	KGZ (0.267)	UKR (0.261)	KGZ (0.230)	UKR (0.218)	UKR (0.208)	UKR (0.202)

表 4-4 2015 年 47 个国家的 GESII 具体排名和得分

地区	国家	GESII		表现方面							
				经济		环境		社会		制度	
		得分	排名	得分	排名	得分	排名	得分	排名	得分	排名
东亚	蒙古国	0.352	24	0.265	24	0.365	22	0.301	29	0.306	29
东南亚	文莱	0.387	16	0.162	46	0.372	17	0.313	26	0.639	5
	柬埔寨	0.449	4	0.571	3	0.586	1	0.262	34	0.218	37
	印度尼西亚	0.393	13	0.279	21	0.497	7	0.462	10	0.282	32
	马来西亚	0.430	6	0.304	14	0.356	27	0.654	3	0.560	12
	菲律宾	0.348	26	0.281	19	0.407	12	0.356	21	0.317	28
	新加坡	0.602	1	0.779	1	0.358	26	0.789	1	1.000	1
	泰国	0.361	20	0.205	40	0.425	10	0.400	12	0.364	23
	越南	0.357	22	0.360	7	0.438	9	0.210	42	0.299	30
中东和北非	埃及	0.275	45	0.244	31	0.354	31	0.123	47	0.175	42
	格鲁吉亚	0.388	15	0.454	4	0.292	38	0.241	38	0.532	14
	伊朗	0.265	46	0.132	47	0.354	30	0.228	39	0.163	44
	以色列	0.466	2	0.271	23	0.371	20	0.785	2	0.660	4
	约旦	0.366	19	0.329	9	0.364	23	0.371	16	0.403	20
	黎巴嫩	0.326	35	0.375	6	0.359	25	0.257	37	0.216	39
	沙特阿拉伯	0.342	29	0.249	28	0.309	36	0.545	6	0.379	22
	土耳其	0.358	21	0.310	12	0.355	29	0.358	19	0.417	17
	阿联酋	0.449	5	0.264	25	0.376	15	0.642	4	0.710	3
南亚	孟加拉国	0.345	28	0.284	18	0.500	5	0.194	45	0.138	45
	印度	0.417	8	0.302	15	0.571	2	0.416	11	0.271	34
	尼泊尔	0.385	17	0.222	37	0.553	3	0.204	44	0.166	43
	巴基斯坦	0.328	34	0.233	33	0.499	6	0.294	30	0.117	47
	斯里兰卡	0.407	11	0.295	17	0.538	4	0.370	17	0.331	27
独联体	亚美尼亚	0.275	44	0.307	13	0.194	46	0.262	35	0.346	25
	阿塞拜疆	0.315	36	0.301	16	0.345	33	0.371	15	0.218	38
	哈萨克斯坦	0.330	33	0.312	11	0.355	28	0.360	18	0.264	35
	吉尔吉斯斯坦	0.283	43	0.189	42	0.221	44	0.217	41	0.188	40
	摩尔多瓦	0.308	39	0.248	30	0.378	14	0.179	46	0.276	33
	俄罗斯	0.295	42	0.167	44	0.371	18	0.312	27	0.221	36
	塔吉克斯坦	0.312	38	0.338	8	0.413	11	0.308	28	0.129	46
	乌克兰	0.202	47	0.171	43	0.213	45	0.260	36	0.177	41

表4-4(续)

| 地区 | 国家 | GESII | | 表现方面 | | | | | | | |
| | | | | 经济 | | 环境 | | 社会 | | 制度 | |
		得分	排名	得分	排名	得分	排名	得分	排名	得分	排名
中欧和东欧	阿尔巴尼亚	0.341	30	0.419	5	0.321	35	0.278	32	0.336	26
	波黑	0.304	41	0.249	29	0.372	16	0.206	43	0.298	31
	保加利亚	0.313	37	0.214	38	0.285	40	0.328	25	0.421	16
	克罗地亚	0.348	25	0.226	36	0.333	34	0.289	31	0.508	15
	捷克	0.391	14	0.199	41	0.286	39	0.541	7	0.607	9
	爱沙尼亚	0.421	7	0.260	26	0.247	42	0.556	5	0.727	2
	匈牙利	0.346	27	0.255	27	0.240	43	0.345	23	0.549	13
	拉脱维亚	0.416	9	0.272	22	0.395	13	0.392	13	0.590	10
	立陶宛	0.409	10	0.240	32	0.351	32	0.481	8	0.615	7
	北马其顿	0.352	23	0.281	20	0.366	21	0.356	20	0.398	21
	黑山	0.454	**3**	0.581	2	0.445	8	0.342	24	0.407	18
	波兰	0.396	12	0.230	34	0.371	19	0.353	22	0.611	8
	罗马尼亚	0.307	40	0.209	39	0.307	37	0.275	33	0.405	19
	塞尔维亚	0.334	31	0.313	10	0.364	24	0.228	40	0.363	24
	斯洛伐克	0.330	32	0.227	35	0.158	47	0.373	14	0.567	11
	斯洛文尼亚	0.373	18	0.166	45	0.248	41	0.477	9	0.636	6

此外，我们提出了2006年至2015年47个"一带一路"国家在四个维度上的GESII趋势（见表4-4）。根据GESII，我们还对每个地区前三大BRI国家的概况进行了比较分析。只有少数中东欧地区国家GESII排名在前四分之一，其中包括黑山、爱沙尼亚、拉脱维亚、立陶宛和波兰。在东南亚和东亚国家中，新加坡排名第一，且该地区其他国家均排在前半部分。中东和北非地区国家在GESII中表现出色，以色列、阿联酋和约旦排在前四分之一；而以色列和阿联酋的环境和经济表现处于低迷状态，它们的社会和体制变量指数使它们能够保持相对独立的地位。俄罗斯和哈萨克斯坦等尽管可再生能源的发电量和容量都很丰富，但排名都比较靠后。在南亚地区中，印度位列第二次评估的前四分之一，但在环境和国家体制维度方面表现最差；孟加拉国、巴基斯坦和尼泊尔在社会和国家体制方面表现最为脆弱；斯里兰卡在第二次评估中排在前半部分，但在体制方面较弱。根据计算得出的GESII分值，2015年BRI国家各地区前三大国家概况的综合分析如表4-5至表4-9所示。

表 4-5　2015 年中欧和东欧地区 GESII 排名前三的国家概况

黑山	
从区域来看，黑山在 GESII 中排名第 3，在中欧和东欧国家中排名第 1。在经济和环境方面，该国高于中东欧国家的平均水平。低二氧化碳排放、有效输配电力系统、高 FDI、低通货膨胀率和高监管制度质量使得其得分较高。然而，在可再生能源发电能力方面黑山仍然较落后。	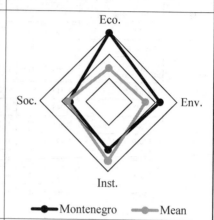

爱沙尼亚	
爱沙尼亚在 GESII 中排名第 7，在中东欧国家中排名第 2。该国在制度和社会方面的得分高于平均水平，而在经济和环境方面的得分低于平均水平。该国在各种变量上得分相对较好，包括最新技术的可用性、投资者保护的力度、腐败的控制和监管质量。然而，爱沙尼亚在经济和环境方面较落后，特别表现为高二氧化碳排放、低外国直接投资和低 GDP 增长率等。	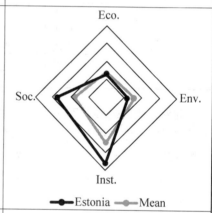

拉脱维亚	
拉脱维亚在 GESII 中排名第 9，在中东欧国家中排名第 3。该国在国家制度方面得分特别高。与本区域其他国家相比，该国在环境、社会和国家体制方面得分更高。拉脱维亚在多种指标上表现相对较好，包括政府效率、监管质量、腐败控制和低二氧化碳排放。但该国在经济和社会方面较落后，特别表现为高失业率、投资者保护薄弱和最新技术的低可用性等。	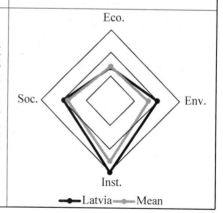

表 4-6　2015 年独联体地区 GESII 排名前三的国家概况

哈萨克斯坦	
哈萨克斯坦在 GESII 中排名第 33，在独联体国家中排名第 1。由于该国政治体系薄弱、二氧化碳排放高、GDP 增长缓慢、对传统能源的高度依赖、治理低效、监管质量不高、腐败得不到有效控制，其在环境、经济和制度方面相对较弱。同时，哈萨克斯坦在经济和社会维度的变量方面表现得相对较好，这主要是由于债务与 GDP 之比较低、人均耗电量较高和投资者保护力度较强。	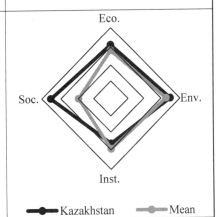
阿塞拜疆	
阿塞拜疆在 GESII 中排名 36，在独联体国家中排名第 2。该国投资者保护机制、高创新能力、低二氧化碳排放、高可再生能源发电、高外国直接投资和低通货膨胀使得其在经济、社会和环境方面表现较好。但阿塞拜疆仍然需要控制腐败和改善政治稳定性。	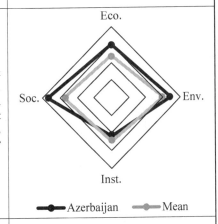
塔吉克斯坦	
塔吉克斯坦在 GESII 排名第 38 位，在独联体国家中排名第 3。该国在国家制度和社会方面得分较低，主要原因是监管质量差、治理无效、对腐败的控制较少、政治制度薄弱、输配系统效率低下。但是，由于塔吉克斯坦二氧化碳排放量低、绿色能源发电能力强、对传统能源的依赖较少、GDP 增长快、吸引外国直接投资和投资者保护的力度大，该国在环境、经济和社会方面的表现相对较好。	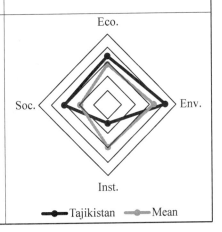

表 4-7 2015 年南亚地区 GESII 排名前三的国家概况

印度	
印度在 GESII 中排名第 8，在社会和环境方面得分很高。它在四个方面都高于平均水平。由于印度有丰富的可再生能源资源，其在环境方面的得分很高；同时，印度在制度指标方面排名垫底。该国的债务与国内生产总值（GDP）之比较高，二氧化碳排放量高，外国直接投资低，监管机构质量差，对腐败的控制低。	
斯里兰卡	
斯里兰卡在 GESII 中排名第 11，在南亚国家中排名第 2。该国在制度、经济和社会方面的得分都高于平均水平，在二氧化碳排放、通货膨胀率和可再生能源等一些指标上表现相对较好。但将部分经济指标纳入考虑时，斯里兰卡的经济还不够强大。例如，该国的国内生产总值（GDP）非常高，而外国直接投资（FDI）非常低。	
尼泊尔	
尼泊尔在 GESII 中排名第 17，在南亚国家中排名第 3。由于尼泊尔可再生能源的发电量相对较高，二氧化碳排放量较低，因此其在环境方面表现相对较好。与此同时，就大多数考察指标而言，该国低于区域平均水平，该国有高通货膨胀率、高失业率、低外国直接投资、较少的政治稳定性和政府效率变量。	

表 4-8　2015 年中东和北非地区 GESII 排名前三的国家概况

以色列	
以色列在 GESII 中排名第 2，在中东和北非地区国家中排名第 1。由于以色列最新技术的可用性、高质量的研究机构、高企的企业研发支出、持久的投资者保护政策以及良好的政府机制，该国在社会、制度和经济方面得分很高。但是，该国在环境方面较落后，特别表现为高二氧化碳排放、高非再生能源发电量和低可再生能源消耗。	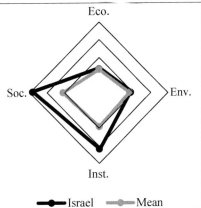
阿联酋	
阿联酋在 GESII 中排名第 5，在中东和北非地区国家中排名第 2。该国在社会、环境和制度方面的表现相对较好。这得益于阿联酋适度有效的治理、高质量的监管机构、可靠的投资者保护、创新能力和最新技术的可获得性。与此同时，由于该国的高通货膨胀率、高二氧化碳排放，其在经济和环境方面表现相对薄弱。	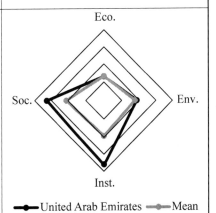
约旦	
（中东和北非地区排名第 3 的国家为格鲁吉亚，由于数据可得性问题等，这里用约旦代替）约旦在 GESII 中排名第 19 位，在经济方面得分特别高。约旦的低二氧化碳排放，低通货膨胀率，有效的治理，高质量的监管机构以及对腐败的控制使其在环境、经济和国家机构组成方面表现相对较好。同时，该国在经济和社会方面存在一些问题，尤其表现在高失业率、投资者保护力度较弱、企业研发支出较少、金融服务变量承受能力较弱等方面。	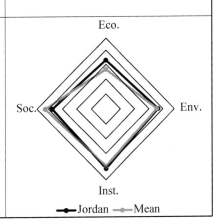

表4-9　2015年东南亚和东亚地区GESII排名前三的国家概况

新加坡	
新加坡在GESII中排名第1。该国在社会、国家体制和经济方面超过了平均水平，但在环境方面低于平均水平。新加坡目前吸引外国直接投资的能力强，也具有低失业率、低通货膨胀率、发达的输配系统、高强度的投资者保护、大规模的公司研发支出，更容易获得最新的技术。该国在环境方面也存在一些挑战，包括二氧化碳排放高，主要是由于其对传统能源的高度依赖和绿色能源发电能力低。尽管如此，该国在社会、经济和国家机构层面平衡了在环境方面的问题。	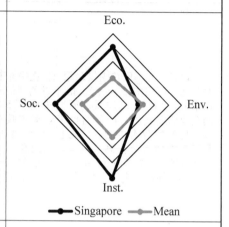
柬埔寨	
柬埔寨在GESII中排名第4，在东南亚和东亚地区国家中排名第2。由于柬埔寨的低通货膨胀率、最高的国内生产总值增长、吸引外国直接投资的能力强、低失业率、利用绿色能源生产电力的能力强、可再生能源消费比例高和二氧化碳排放低的推动，其在环境和经济方面得分很高。但是，柬埔寨在社会和国家体制方面较落后。特别是在环境和经济成分方面，柬埔寨分别排在第1位和第3位。总体而言，柬埔寨在"一带一路"沿线国家的环境和经济方面取得了令人印象深刻的成绩。	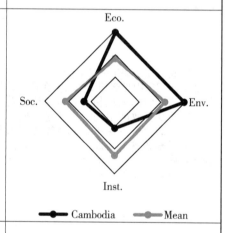
马来西亚	
马来西亚在经济、社会和国家制度方面取得了巨大成就，因此在GESII中名列第6。在社会和国家制度变量方面，马来西亚也拿到了高分，这是由该国的高投资者保护力度、有效的输电和配电系统、创新能力、最新技术的可用性、高GDP增长和稳定的政治制度驱动。马来西亚在部分指标上处于不利地位，例如：二氧化碳排放量高和对传统能源的高度依赖。此外，马来西亚在东南亚和东亚地区国家中排名第3。	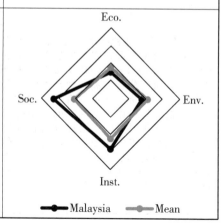

4.5.2 稳健性检验

为了检验 GESII 的稳健性，我们遵照（Lee et al.，2015）的稳健性指标计算流程进行计算，该流程涉及的国家或地区的排名随时间变化而变化。

$$\text{Shift}_{\text{assumption}(i)} = \frac{1}{m} \sum_{j=1}^{m} \left| \text{Rank}_O(j) - \text{Rank}_N(j) \right| \tag{4-11}$$

其中，$\text{Shift}_{\text{assumption}(i)}$ 是指假设 i 表示国家的平均排名变化，m 表示国家总数，$\text{Rank}_O(j)$ 表示第 j 个国家或地区的原始排名，而 $\text{Rank}_N(j)$ 代表第 j 个国家或地区的新排名。

至此，我们已经计算出连续两年的国家的排名的绝对差异，并在所有 47 个国家进行平均。即使在变量值存在显著差异的情况下，较小的排名变化也被认为是更稳定的指标（Cîrstea et al.，2018）。在一段时间内，我们观察到所有国家的排名都没有发生大的变化，因此，GESII 不会产生明显的排名偏差。结果显示，排名前 5 位的国家的平均排名变化和所有 47 个 BRI 国家的平均排名变化分别相对变化了约 1.76 和 3.81。因此，GESII 的整体稳健性较为可靠。

4.6 本章小结

在当前的研究中，可持续性投资的理念受到了极大的关注。如果没有可持续性投资的理念，可持续性发展就要受到质疑。在过去的十年中，经济、社会、环境和国家机构方面已成为绿色能源部门发展中可持续性投资决策的重要决定因素。因此，建立一个综合性指数以进行全国范围的综合调查业已成为必然趋势。因此，本书提出了绿色能源可持续性投资指数（GESII）。构建该指数的目的是为投资者提供一种有用的投资工具，以此来有效地进行投资决策。GESII 的稳健性和灵活性使公司投资者能够以一种符合其投资目标并遵照 GESII 的构建流程的方式添加或删除任何想要的变量。GESII 的总体排名显示，新加坡排名第一，之后是以色列、黑山、柬埔寨、阿联酋和马来西亚。吉尔吉斯斯坦、亚美尼亚、埃及、伊朗和乌克兰在 GESII 中排名最后几位，这意味着这些国家在所有四个方面的得分均不高。

5 "一带一路"沿线国家的自然资源枯竭对能源使用和二氧化碳排放的影响

5.1 概述

在过去的几十年中,气候变化一直是长期存在的环境问题。可以说,气候变化对全球可持续发展提出了最严峻的挑战(Destek et al.,2019)。由于城市化和工业化进程的加快,世界经济得以持续高速增长(Dong et al.,2018)。根据世界银行(2021)的数据,世界 GDP 从 1990 年的 35.87 万亿美元(2015 年不变美元)增至 2021 年的 86.86 万亿美元。与此同时,世界城市人口从 1990 年的 23 亿人增加到 2021 年的 44 亿人(世界银行,2021),基本上翻了一番。此外,同期来看,世界能源消耗量从 1990 年的 1 662.93 千克油当量增加到 2014 年的 1 920 千克油当量(来自世界银行数据库,该数据库能源消耗量的数据只到 2014 年)。迅速增长的能源需求给环境带来了巨大挑战。更确切地说,人类对自然资源的竞争导致了环境恶化。根据世界银行的数据(世界银行,2021),全世界人均二氧化碳的排放量从 1990 年的 3.9 吨增加到 2019 年的 4.5 吨。

地球自然资源的枯竭日益加剧,能源消耗量在 21 世纪迅速增加。当前,世界各国通过提取包含石油、天然气和煤炭的化石燃料来维持全球约 80%的能源消耗。《全球资源展望》(IRP,2019)数据表明,采掘业排放的二氧化碳占全球二氧化碳排放量的一半,并造成 90%以上的生物多样性损失。在过去的五十年中,自然资源的消耗量增长了两倍多,其中石油、天然气和煤炭的开采量从 60 亿吨增加到 150 亿吨,生物质能源消耗量从 90 亿吨增加到 240 亿吨,其他矿产资源消耗量增长了五倍（IRP，2019）。过快的经济增长造成了自然资源的日益枯竭，这引发了严重的环境问题（Bergesen et al.，2017）。因此，必须解决 BRI 国家的自然资源枯竭影响能源使用和二氧化碳排放的难题。

国家主席习近平于 2013 年提出了共建"丝绸之路经济带"和"21 世纪海上丝绸之路"的倡议，这被统称为共建"一带一路"倡议。BRI 的主要目标是加强世界贸易体系，以实现 BRI 国家的共同发展。"一带一路"沿线国家在自然资源和经济方面存在许多差异，因此所提供的支持具有更大的潜力。

在过去的几十年中，"一带一路"沿线国家实现了振奋人心的经济增长。但是，如此迅速的增长带来了自然资源的巨额损耗，这也迫使人们加快解决环境问题。选择 BRI 国家作为本书的样本有多种原因。首先，包含 56 个"一带一路"沿线国家的样本在世界自然资源中占有重要份额，分别占原油探明储量（十亿桶）、干燥天然气产量（十亿立方米）、煤炭产量（千吨）和世界石油总供应量（千桶/天）指标的 58.54%、53.82%、74.69% 和 55.17%（BP 统计评论，2019）。其次，这些"一带一路"沿线国家共有世界人口的 54.63%，占世界 GDP 的 23.52%，占全球家庭消费的 24%，占世界土地面积的 38.5%（世界银行，2019）。最后，这些国家造成了大量的二氧化碳排放。"一带一路"沿线国家 2018 年的二氧化碳排放总量超过 75.3 亿吨（世界银行，2021）。

鉴于上述事实，我们有必要对自然资源耗竭、能源使用、贸易开放性、经济增长、城市化、工业化和二氧化碳排放之间的实证关联进行调查。这样的调查将有可能使决策者制定合理的长期和短期政策，以减少二氧化碳的排放以及提高自然资源的可持续利用性。尽管学界在地区和单个国家层面上对自然资源—能源—增长—环境之间的联系进行了广泛研究，但一些文献已将注意力集中在世界范围上。此外，不可忽视的是，全球自然资源消耗、能源使用、经济增长、城市化、工业化、贸易开放和二氧化碳排放量之间存在显著差异（Raupach et al.，2007）。据我们所知，关于自然资源—能源—增长—环境的相互联系的大多数专题研究都忽略了国家之间的异质性。此外，以前在自然资源—能源—增长—环境之间的联系（特别是对 BRI 经济体）的跨国研究中，经常会忽略各国之间可能存在的横截面依赖性。这可能会产生有偏估计和误导性的结论（Breitung，2005）。

为填补先前文献的空白，本书旨在调查 1990—2014 年 56 个 BRI 经济体的自然资源消耗—经济增长—能源使用—贸易开放度—CO_2 排放量—城市化和工业化之间的联系。为了检验面板单位中的横截面依赖性，我们使用了多种因果关系测试：格兰杰因果关系、协整检验和面板单位根检验。两个主要特征使我们的研究有别于以往对该主题的研究。首先，我们的估计方法考虑了国家间的横截面依赖性，而这一特征在现有文献中被忽略。其次，我们引入了自然资源枯竭作为二氧化碳排放和能源消耗模型的解释变量，该模型未被纳入现有文献中，这特别有助于所有"一带一路"沿线国家的政策制定和分析，尤其是通过提高自然资源的可持续利用来减少二氧化碳的排放。

5.2 研究的方法论

5.2.1 理论框架与模型解释

"政府间气候变化专门委员会（IPCC）"在其第四份评估报告中指出，二氧化碳排放的关键因素是化石燃料的燃烧（Yang et al.，2018）。基于这一论点，我们在研究中建立了两个模型：第一个模型聚焦于二氧化碳的排放，第二个模型聚焦于使用"STIRPAT模型"的能源消耗。该模型最初由 Dietz 和 Rosa（1994）引入，它是 IPAT 模型的扩展。STIRPAT 的标准格式为：

$$I_i = c \times P_i^{\alpha} \times A_i^{\beta} \times T_i^{\gamma} \times \varepsilon_i \tag{5-1}$$

其中，I 代表环境影响，P 代表人口规模，A 代表富裕程度，T 代表技术。横断面单位（国家/地区）用 $i = 1, 2, 3, \cdots, N$ 表示；c 表示常数；α、β 和 γ 是环境影响的弹性，分别涵括在人口（P）、富裕程度（A）和技术（T）上，其中 ε 代表误差项。我们将同一模型分别用于二氧化碳排放和能源使用作为因变量的模型估计。

5.2.2 变量与模型扩展

根据现有文献，二氧化碳排放和能源消耗的决定因素包括：自然资源耗竭（Danish et al.，2019）、城市化（Kais et al.，2016）、工业化（Li et al.，2015）、经济增长（Shen et al.，2017），以及贸易开放度（Zhu, et al.，2016）。我们将人均 GDP 作为富裕程度（A）变量，城市化程度作为人口规模（P）变量，贸易开放度以及工业化程度作为技术（T）的替代指标。我们在估算中添加了自然资源枯竭作为附加的解释变量，从而修改了 STIRPAT 模型。在双方均取自然对数后，我们可以按如下方式重写 i 国和 t 年的二氧化碳排放和能源消耗模型。

$$\ln CO_{2it} = \alpha_0 + \alpha_1 \ln UR_{it} + \alpha_2 \ln GDP_{it} + \alpha_3 \ln TO_{it} + \alpha_4 \ln NRD_{it} + \alpha_5 \ln IND_{it} + \varepsilon_{it} \tag{5-2}$$

$$\ln EU_{it} = \gamma_0 + \gamma_1 \ln UR_{it} + \gamma_2 \ln GDP_{it} + \gamma_3 \ln TO_{it} + \gamma_4 \ln NRD_{it} + \gamma_5 \ln IND_{it} + \varphi_{it}$$

$$(5-3)$$

式（5-2）和式（5-3）中，EU 代表能源消耗量，CO_2 表示二氧化碳排放量，UR 表示城市化率，GDP 表示经济增长，TO 表示贸易开放性，NRD 表示自然资源损耗，IND 表示工业化，且 γ_1、γ_2、γ_3、γ_4、γ_5 和 α_1、α_2、α_3、α_4、α_5 是 UR、GDP、TO、NRD 和 IND 的估计系数，ε_{it} 和 φ_{it} 是误差项。

5.2.3 数据与描述性统计

本书中，我们使用世界银行数据库（2021）中 1990—2014 年 56 个 BRI 国家的 1 400 个观测值数据。表 5-1 为变量说明，表 5-2 为统计摘要。时间尺度的选择主要基于数据可用性。"一带一路"沿线国家的最大二氧化碳排放量为 70.04 mtpc，整个面板的平均排放量为 7.05 mtpc。同样，能源消耗在最高 22 120.37 千克油当量和最低 118.91 千克油当量之间变化，平均能源消耗为 2 721.63 千克油当量。最富有的国家的人均 GDP 为 69 679.09 美元，最贫穷的国家的人均 GDP 为 190.02 美元，平均为 9 556.78 美元。在自然资源消耗占国民总收入的百分比中，发达国家占比为 43.96%，而最不发达国家占比为 9.75E-07%（0.000 000 975%），平均为 4.63%，这表明各个国家之间自然资源的消耗有极为显著的差异。贸易开放度和工业附加值的平均值分别为 58 999.66 美元和 33.97%。最后，在"一带一路"沿线国家中，城市化的最大值和最小值分别为 100% 和 8.85%。此外，图 5-1 为 56 个 BRI 国家的二氧化碳排放量、自然资源消耗、人均 GDP、能源使用、贸易开放度、城市化程度和工业化程度的箱形图（注：正方形表示平均值，方框中的水平条表示中位数，方框的上下边缘分别表示 25% 和 75%）。

表 5-1 1990—2014 年数据统计的变量、定义与度量方法

变量	度量单位	定义	相关文献	数据来源
二氧化碳	人均排放量（吨/人）	二氧化碳排放是指化石燃料燃烧和水泥生产产生的二氧化碳排放量	(Salim et al., 2019; Danish et al., 2017)	World Bank database (2019)
自然资源枯竭	百分比	自然资源枯竭是指森林净枯竭、能源枯竭和矿物质枯竭的总和，以占国民总收入的百分比表示	(Khan et al., 2016; Mudakkar et al., 2013; Zeb et al., 2014)	World Bank database (2019)
人均国内生产总值	2010 年美元不变价格	人均国内生产总值（国内生产总值除以年中人口）	(Salim et al., 2019; Danish et al., 2017)	World Bank database (2019)
能源消耗	人均石油当量（千克）	能源使用是指在转化为其他最终用途能源之前使用的一次能源，这等于本地生产加上进口和库存变化，减去出口以及向从事国际运输的船舶和飞机提供的燃料	(Poumanyvong et al., 2010; Muhammad, 2019)	World Bank database (2019)
贸易开放性	不变美元价格	商品和服务贸易总额，以百万美元不变价格衡量	(Al–Mulali et al., 2015; Salahuddin et al., 2014)	World Bank database (2019)
城市化	百分比	城镇人口占总人口的百分比	(Pata, 2018; Inglesi – Lotz et al., 2017)	World Bank database (2019)
工业化	百分比	工业增加值占国内生产总值的百分比	(Poumanyvong et al., 2010; Salahuddin et al., 2014)	World Bank database (2019)

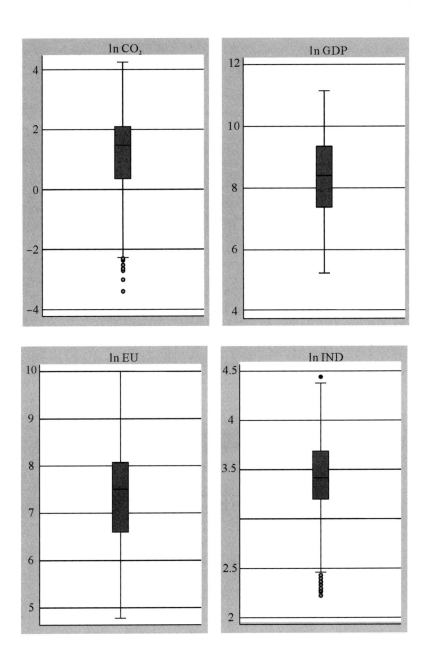

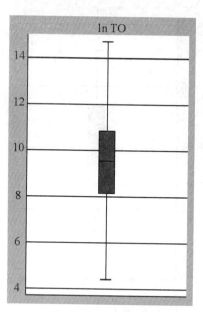

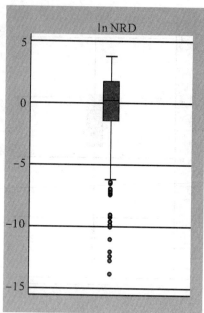

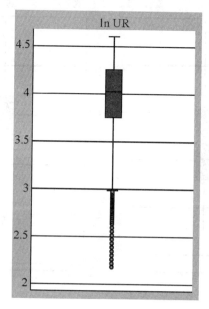

图 5-1 七个变量的箱形图

"一带一路"沿线国家的资源利用与可持续投资：评估环境、经济与社会治理

表 5-2 研究对象区域的"一带一路"沿线 56 个国家的统计摘要

地区	国家	GDP /十亿美元	人口 /亿人	石油总供给量/千桶·天⁻¹	原油探明储量/十亿桶	干燥天然气产量/十亿立方英尺	煤炭产量/千吨
东亚	中国	13 608.15	1 395.38	4 273.03	25.63	3 986.00	4 374 940.00
	蒙古国	13.01	3.24	0.00	NA	0.00	33 246.00
东南亚	文莱	13.57	0.44	158.33	1.1	440.00	0.00
	柬埔寨	24.57	16	0.00	0.00	0.00	0.00
	印度尼西亚	1 042.17	264.2	1 017.60	3.31	2 606.00	538 607.00
	马来西亚	354.35	32.4	664.83	3.6	2 260.00	3 256.00
	缅甸	71.21	53.37	0.00	0.00	463.00	636
	菲律宾	330.91	107.00	32.69	0.138 5	103.00	7 816.00
	新加坡	364.16	5.64	10.91	0.00	0.00	0.00
	泰国	504.99	66.41	342.31	0.349	0.00	19 391.00
	越南	244.95	94.67	373.18	4.4	311.00	43 712.00
中亚	土库曼斯坦	40.76	5.76	201.19	0.6	2 769.00	0.00
南亚	孟加拉国	274.03	161.8	5.72	0.028	807	931
	印度	2 726.32	1 283.6	955.08	4.495	1 218.00	675 467.00
	尼泊尔	28.81	29.3	0.00	0.00	0.00	18
	巴基斯坦	312.57	200.16	63.58	0.332	1 412.00	3 368.00
	斯里兰卡	88.90	21.67	-0.64	0.00	0.00	0.00
中东和北非	巴林	37.75	1.50	46.44	0.124 56	554.00	0.00
	埃及	250.90	96.6	662.62	3.57	2 034.00	36
	伊朗	454.01	82.1	4 251.58	157.2	5 696.00	1 296.00
	伊拉克	225.91	38.3	2 408.47	148.766	42.00	0.00
	以色列	369.69	8.97	4.03	0.012 73	161.00	0.00
	约旦	42.29	10.31	0.09	0.001	5.30	0.00
	科威特	141.68	4.6	2 499.96	101.5	576.00	0.00
	黎巴嫩	56.64	6.09	0.00	0.00	0.00	0.00
	阿曼	79.29	4.64	867.88	5.373	1 127.00	0.00
	卡塔尔	192.01	2.67	1 437.22	25.244	5 598.00	0.00
	沙特阿拉伯	782.48	33.41	10 121.36	266.208	3 533.00	0.00
	阿联酋	414.18	9.4	2 812.84	97.8	1 928.00	0.00
	也门	26.91	28.25	258.75	3	364.00	0.00
	格鲁吉亚	16.21	3.73	0.98	0.035	0.00	445
	土耳其	766.51	80.81	55.37	0.341 6	19	57 839.00
独联体	阿塞拜疆	46.94	9.9	1 049.84	7	590	0.00
	白俄罗斯	59.66	9.49	31.01	0.198	0.7	0.00
	摩尔多瓦	11.31	3.55	0.00	0.00	0.00	0.00
	俄罗斯	1 657.60	146.9	10 124.06	80	22 139.00	388 013.00
	乌克兰	130.83	42.22	82.00	0.395	745	72 497.00
	哈萨克斯坦	170.54	18.16	1 606.59	30	720.00	132 167.00
	吉尔吉斯斯坦	8.09	6.14	0.95	0.04	1.10	1 567.00
	塔吉克斯坦	7.52	8.9	0.22	0.012	0.50	632
	乌兹别克斯坦	50.50	33.3	58.81	0.594	2 106.00	4 508.00

表5-2(续)

地区	国家	GDP /十亿美元	人口 /亿人	石油 总供给量/ 千桶·天⁻¹	原油 探明储量 /十亿桶	干燥天然气 产量 /十亿立方英尺	煤炭产量 /千吨
中东欧	阿尔巴尼亚	15.06	2.87	11.10	0.168	0.7	2.2
	波黑	19.78	3.5	−0.06	0.00	0.00	6 875.00
	保加利亚	65.13	7.05	2.92	0.015	9.8	31 553.00
	克罗地亚	60.81	4.11	23.14	0.071	53	0.00
	捷克	244.11	10.61	10.22	0.015	8.9	53 990.00
	爱沙尼亚	30.28	1.32	7.64	0.00	0.00	0.00
	匈牙利	155.70	9.78	34.57	0.020 4	69	10 522.00
	拉脱维亚	34.85	1.93	0.00	0.00	0.00	0.00
	立陶宛	53.25	2.81	5.73	0.012	0.00	0.00
	黑山	5.45	0.62	0.00	0.00	0.00	2 152.00
	波兰	585.78	37.98	22.14	0.128	219	157 440.00
	罗马尼亚	239.55	19.52	110.73	0.6	385	27 254.00
	塞尔维亚	50.51	7	14.31	0.077 5	24	44 420.00
	斯洛伐克	106.47	5.44	8.28	0.009	4.4	2 596.00
	斯洛文尼亚	54.24	2.07	0.01	0.00	0.1	4 274.00
合计		27 763.85	4 547.19	46 729.61	972.51	65 088.50	6 701 466.20
世界合计		118 060.37	8 322.9	84 699.63	1 661.37	120 934.60	8 971 837.20
百分比		23.52%	54.63%	55.17%	58.54%	53.82%	74.69%

数据来源:BP 世界能源统计回顾(2019)和世界银行统计报告(2019)。

5.2.4 估算方法

为了对方程(5-2)和方程(5-3)进行计算,即为了研究 BRI 国家自然资源—能源—环境的关系,我们采用以下 5 个步骤对方案进行估算。

(1)采用 Pesaran 截面相关(CD)试验检查整个面板的截面相关性。

(2)采用 Pesaran CIPS 进行面板单位根测试。

(3)采用 Westerlund 检验(2007)以观察变量间的长期关联性。此外,Westerlund 协整检验(Westerlund,2007),以检验 Pedroni 和 Kao(Pedroni,2004;Kao,1999)协整的稳健性。

(4)采用增广平均群(Augmented Mean Group,AMG)和共同相关效应平均群(Common Correlated Effect Mean Group,CCEMG)估计方法,分析二氧化碳排放和能源利用的基本决定因素。

(5)采用基于向量误差修正模型(Vector Error Correction Model,VECM)(Engle et al.,1987)的面板因果关系检验以判断变量之间因果关系的方向。

"一带一路"沿线国家自然资源—能源—环境—增长关系的测算方案见图 5-2。

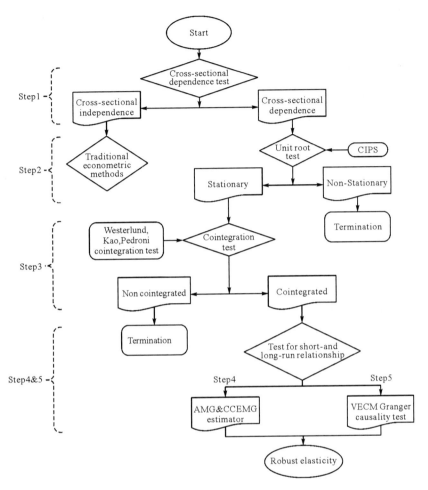

图 5-2 "一带一路"沿线国家自然资源—能源—环境—增长关系的测算方案

5.2.4.1 横截面相关性试验

横截面相关性是数据中的一个关键问题，忽略这个问题可能会产生错误的研究结果（Grossman et al.，1995；Khan et al.，2019）。为了更好地理解这个问题，我们使用 Pesaran（2004）的 Pesaran 标度和 Pesaran 截面依赖性检验来确定截面依赖性。由于当存在大时间维度（T）和小截面（N）数据时，Breusch-Pagan 检验（Breusch et al.，1980）对截面依赖性的检验是充分的，因此，Pesaran 提出了一种拉格朗日乘数检验的标度版本，它的优点是在大 N 和小 T 的情况下能给出有效的结果。由于 Breusch-Pagan 和 God-Fray-Lagrange 乘数检验（B-G-LM）以及 LM 检验的标度版本在尺寸畸变方面的局限性，Pesaran

（2004）提出了另一种观察横截面依赖性的可靠试验，即 Pesaran-CD 试验。该试验解决了先前试验中尺寸的畸变问题，并且对于大 N 和固定 T 是可行的。其数学表达式如下：

$$CD = \sqrt{\frac{2}{N(N-1)} \sum_{k=1}^{N-1} \sum_{l=k+1}^{N} T_{k1} \partial_{k1}} \rightarrow N(0, 1) \tag{5-4}$$

其中，∂_{k1} 是从上述模型的残差中获得的相关系数。CD 检验统计量是渐近正态分布，平均值为零。

5.2.4.2 面板单位根试验

第一代单位根检验（Phillip et al., 1988；Levin et al., 2002）未能检测出面板的横截面依赖性。为了突破这个限制条件，Pesaran（2007）引入了 Pesaran-CIPS 单位根检验，即采用因变量滞后的横截面平均值和横截面每个单位的第一个差分改进了"Dickey-Fuller（ADF）"回归模型。此外，增强回归被称为"横截面 ADF（CADF, Cross-Sectional ADF）"，其数学表达式如下：

$$\Delta X_{it} = \alpha_i + \beta_i X_{i, t-1} + \gamma_i \bar{X}_{t-1} + \sum_{k=0}^{m} d_{ik} \Delta \bar{X}_{t-k} + \sum_{k=1}^{m} \delta_{ik} \Delta \bar{X}_{i, t-k} + \varepsilon_{it} \tag{5-5}$$

其中，$\bar{X}_t$ 表示 N 个国家在 T（时间）的平均值。根据 CADF 的统计，CIPS 的单位根可计算为

$$CIPS = N^{-1} \sum_{i=1}^{N} CADF_i \tag{5-6}$$

其中，$CADF_i$ 表示式（5-5）中 CADF 回归中的 t 统计量。

5.2.4.3 面板协整检验

当数据存在横截面依赖性时，应用协整标准测试（Pedroni, 2001）可能会导致有偏差的结果（Dong et al., 2018）。为了确定变量间协整的联系，我们使用 Westerlund（2007）提出的以误差分量为中心的协整检验。Westerlund 协整检验估计了横截面依赖性。它采用了具有两个面板特有的自回归（AR）参数的模型，即面板特有的 AR 和相同的 AR 检验统计量。面板特定 AR 检验统计量使用的零假设拒绝表明存在协整关系，而面板特异性 AR 检验统计量的零假设拒绝意味着整个面板中不存在协整关系（Shahbaz et al., 2018）。面板特异性 AR 和同一 AR 检验统计量分别可用式（5-7）和式（5-8）描述。

$$GR = \sum_{i=1}^{N} \sum_{t=1}^{T} \hat{F}_{it}^2 \hat{R}_1^{-1} \tag{5-7}$$

$$GR = \sum_{i=1}^{N} \sum_{t=1}^{T} \hat{F}_{it}^2 \left(\sum_{i=1}^{N} \hat{R}_i \right)^{-1} \tag{5-8}$$

其中，$\hat{F}_{it} = \sum\limits_{k=1}^{t} \hat{f}_{ik}$，$\hat{R}_i = \sum\limits_{t=1}^{T} \hat{f}_{ik}^2$ 和 $\hat{f}_{ik}$ 显示面板回归的残差，GR 表示组均值方差比统计值。

为了验证结果的稳健性，我们进一步使用基于残差的协整方法（residual-based co-integration）（Pedroni，2004；Kao，1999）对数据进行了检验。Pedroni（2004）的协整方法使用了七种检验，可划分为两种检验组，即横截面检验和面板特定检验。群体特异性检验（group-specific test）采用三个维度间的检验，包括 rho 组统计、PP 组统计和 ADF 组统计。同样，面板检验（panel test）使用四种检验：面板 rho 统计、面板 PP 统计、面板 ADF 统计和面板 v 统计。如果在上述 7 个检验中，至少 4 个检验的 P 值低于 5%，则拒绝"无协整"假设。与 Pedroni 协整（Pedroni，2004）相似，Kao 检验（Kao，1999）也对一组面板数据采用无协整的假设。这两种检验均基于标准正态分布完成。

5.2.4.4 长期面板估算

要证明变量间存在协整关系，就要对变量间的长期关联性进行检验。为了估计解释变量的系数，我们发现了两个不同的估计量之间的长期关系。Teal 和 Eberhardt（2010）通过考虑生产函数改进了 AMG 估计。Pesaran（2006）最初将此估计方法开发为 CCEMG 估计方法的替代品。使用 AMG 估计方法的主要优点是，它有助于在存在面板异质性和多因素误差项的情况下校正结果，而且它是为中等数量的横截面和周期开发的长期协整估算方法，能够为模型计算提供稳健的结果（Nathaniel et al.，2019）。AMG 的另一个优点是它在模型中包含了时间不变的固定效应，以及一个通用的动态效果参数。该估算方法分为两个步骤，见式（5-9）和式（5-10）：

$$AMG - step1 \quad \Delta y_{it} = \alpha_i + \beta_i \Delta x_{it} + \gamma_i f_t + \sum_{t=2}^{T} d_i \Delta D_t + \varepsilon_{it} \quad (5-9)$$

$$AMG - step2 \quad \hat{\beta}_{AMG} = N^{-1} \sum_{i=1}^{N} \hat{\beta}_i \quad (5-10)$$

其中，Δ 表示差分算子，y_{it} 和 x_{it} 为可观察性，β 显示特定国家估计的系数，f_t 表示具有异质性因素的不可观测公共因素，d_i 表示标准动态过程和时间虚拟系数，$\hat{\beta}_{AMG}$ 表示 AMG，ε_{it} 和 α_t 分别描述误差项和截距。

此外，Eberhardt 和 Bond（2009）证实，在蒙特卡罗模型中，CCEMG 和 AMG 在非平稳变量（组合或不组合）面板数据中均方根误差和横截面相关性（多因子误差项）检验方面的表现令人满意。因此，在使用 AMG 估计时，不用对平稳性和协整变量进行任何预检验（Destek et al.，2019）。在过去的一些研究（Dong et al.，2018；Destek et al.，2019）中，研究者们使用了 AMG 估计方法；然而，目前没有研究使用 AMG 估计来检验变量间的长期关系。正如前文中针对"一带一路"国家自然资源—能源—环境—增长关系的测算方案所示（参见 5.2.4 节及图 5-2），为探索二氧化碳排放和能源利用的基本决定因素，我们的研究将采用 AMG 估计，并将使用 CCEMG 方法检验模型的稳健性。

对于横截面相关性检验，CCEMG 方法是有用的。该方法最初由 Pesaran（2006）提出，并由 Kapetanios 等（2011）进一步简化。当数据具有面板异质性和多因素误差项时，该估计方法能提供很好的结果。因此，我们使用共同效应和变量的组平均数的线性组合进行估计（Atasoy et al.，2017；Dong et al.，2018）。CCEMG 估计方法可以通过以下回归模型计算：

$$m_{it} = \phi_{1i} + \tau_1 z_{it} + \vartheta_i p_t + \beta_i \overline{m}_{it} + \gamma_i \overline{z}_{it} + \mu_{it} \tag{5-11}$$

其中，m_{it} 和 z_{it} 是可观察的变量，p_t 是一个不可观测的非均匀系数公因子，τ_1 是特定国家估算的系数，μ_{it} 和 ϕ_{1i} 分别是模型的误差项和截距项。

5.2.4.5 面板因果关系检验

建立因变量和自变量之间的长期关联并不能揭示因果关系的方向，而在实证分析中检验因果关系的方向具有重要意义，因为这在政策指导中是非常重要的（Dong et al.，2018；Yasmeen et al.，2018；Bekun et al.，2019）。考虑到这一点，我们基于既往研究（Rahman et al.，2020），采用基于面板基于既往研究的向量误差修正模型（VECM），对所选变量间的关系进行短期和长期因果关系检验。我们进行了格兰杰因果关系检验（Engle et al.，1987）。VECM 因果关系的面板形式可以通过两个步骤进行估计，如式（5-12）和式（5-13）所示。

$$
\begin{bmatrix} \Delta \ln CO_{2,\,it} \\ \Delta \ln GDP_{it} \\ \Delta \ln NRD_{it} \\ \Delta \ln TO_{it} \\ \Delta \ln UR_{it} \\ \Delta \ln IND_{it} \end{bmatrix} = \begin{bmatrix} \gamma_1 \\ \gamma_2 \\ \gamma_3 \\ \gamma_4 \\ \gamma_5 \\ \gamma_6 \end{bmatrix} + \sum_{l=1}^{m} \begin{bmatrix} \delta_{11,\,l} & \delta_{12,\,l} & \delta_{13,\,l} & \delta_{14,\,l} & \delta_{15,\,l} & \delta_{16,\,l} \\ \delta_{21,\,l} & \delta_{22,\,l} & \delta_{23,\,l} & \delta_{24,\,l} & \delta_{25,\,l} & \delta_{26,\,l} \\ \delta_{31,\,l} & \delta_{32,\,l} & \delta_{33,\,l} & \delta_{34,\,l} & \delta_{35,\,l} & \delta_{36,\,l} \\ \delta_{41,\,l} & \delta_{42,\,l} & \delta_{43,\,l} & \delta_{44,\,l} & \delta_{45,\,l} & \delta_{46,\,l} \\ \delta_{51,\,l} & \delta_{52,\,l} & \delta_{53,\,l} & \delta_{54,\,l} & \delta_{55,\,l} & \delta_{56,\,l} \\ \delta_{61,\,l} & \delta_{62,\,l} & \delta_{63,\,l} & \delta_{64,\,l} & \delta_{65,\,l} & \delta_{66,\,l} \end{bmatrix} \times \begin{bmatrix} \Delta \ln CO_{2,\,it-1} \\ \Delta \ln GDP_{it-1} \\ \Delta \ln NRD_{it-1} \\ \Delta \ln TO_{it-1} \\ \Delta \ln UR_{it-1} \\ \Delta \ln IND_{it-1} \end{bmatrix} +
$$

$$
\begin{bmatrix} \varphi_1 \\ \varphi_2 \\ \varphi_3 \\ \varphi_4 \\ \varphi_5 \\ \varphi_6 \end{bmatrix} \times ECT_{-1} + \begin{bmatrix} \varepsilon_{1,it} \\ \varepsilon_{2,it} \\ \varepsilon_{3,it} \\ \varepsilon_{4,it} \\ \varepsilon_{5,it} \\ \varepsilon_{6,it} \end{bmatrix} \tag{5-12}
$$

$$
\begin{bmatrix} \Delta\ln EU_{it} \\ \Delta\ln GDP_{it} \\ \Delta\ln NRD_{it} \\ \Delta\ln TO_{it} \\ \Delta\ln UR_{it} \\ \Delta\ln IND_{it} \end{bmatrix} = \begin{bmatrix} \gamma_1 \\ \gamma_2 \\ \gamma_3 \\ \gamma_4 \\ \gamma_5 \\ \gamma_6 \end{bmatrix} + \sum_{l=1}^{m} \begin{bmatrix} \delta_{11,l} & \delta_{12,l} & \delta_{13,l} & \delta_{14,l} & \delta_{15,l} & \delta_{16,l} \\ \delta_{21,l} & \delta_{22,l} & \delta_{23,l} & \delta_{24,l} & \delta_{25,l} & \delta_{26,l} \\ \delta_{31,l} & \delta_{32,l} & \delta_{33,l} & \delta_{34,l} & \delta_{35,l} & \delta_{36,l} \\ \delta_{41,l} & \delta_{42,l} & \delta_{43,l} & \delta_{44,l} & \delta_{45,l} & \delta_{46,l} \\ \delta_{51,l} & \delta_{52,l} & \delta_{53,l} & \delta_{54,l} & \delta_{55,l} & \delta_{56,l} \\ \delta_{61,l} & \delta_{62,l} & \delta_{63,l} & \delta_{64,l} & \delta_{65,l} & \delta_{66,l} \end{bmatrix} \times \begin{bmatrix} \Delta\ln EU_{it-1} \\ \Delta\ln GDP_{it-1} \\ \Delta\ln NRD_{it-1} \\ \Delta\ln TO_{it-1} \\ \Delta\ln UR_{it-1} \\ \Delta\ln IND_{it-1} \end{bmatrix} +
$$

$$
\begin{bmatrix} \varphi_1 \\ \varphi_2 \\ \varphi_3 \\ \varphi_4 \\ \varphi_5 \\ \varphi_6 \end{bmatrix} \times ECT_{-1} + \begin{bmatrix} \varepsilon_{1,it} \\ \varepsilon_{2,it} \\ \varepsilon_{3,it} \\ \varepsilon_{4,it} \\ \varepsilon_{5,it} \\ \varepsilon_{6,it} \end{bmatrix} \tag{5-13}
$$

其中，Δ 表示差异运算符，$\gamma_{1\cdots6}$ 是模型的斜率系数，$\delta_{11,l}$ 到 $\delta_{66,l}$ 是待估计未知参数的向量，ECT_{-1} 是滞后误差修正项，ECT 的负值和显著值有助于识别调整到长期均衡的速度，$\varepsilon_{1\cdots6}$ 用于显示模型的随机误差。

5.3 研究结果

5.3.1 面板单位根检验

横截面相关试验结果见表 5-3。对于由 56 个 BRI 国家组成的小组来说，横截面独立性零假设在 1% 的显著性水平上被拒绝，这意味着数据在横截面上是严格依赖的。

表 5-3　截面相关估计结果

变量	Breusch-Pagan LM (B-G LM)	Pesaran scaled LM (PS LM)	Pesaran CD (P CD)
二氧化碳	11 200. 83 ***	174. 076 1 ***	12. 699 51 ***
能源消耗	10 878. 45 ***	168. 267 3 ***	20. 336 19 ***
人均国内生产总值	23 446. 33 ***	394. 724 6 ***	124. 757 6 ***
NRD	9 451. 106 ***	142. 548 2 ***	38. 496 67 ***
UR	27 204. 02 ***	462. 433 6 ***	57. 854 15 ***
TO	7 918. 183 ***	114. 926 9 ***	33. 409 92 ***
工业	8 687. 434 ***	128. 787 8 ***	4. 417 757 ***

注：*** 表示 1% 的显著性水平，空假设＝无横截面依赖性。

5.3.2　面板单位根检验结果

我们使用 Pesaran 的面板单位根检验（CIPS）方法来确定所有变量集的平稳性水平和积分，检验结果如表 5-4 所示。该结果证实了对于 56 个 BRI 国家来说，所有变量都拒绝了在具有截距项、截距项和时间趋势水平上的平稳性的零假设。应用一阶差分后，变量在截距项、截距项和时间趋势上都表现出 1% 水平的平稳性，这表明潜在变量似乎是一阶积分。一阶积分，即所考虑的变量之间的积分 I ［1］，允许我们诊断长期关系的数据。

表 5-4　Pesaran CIPS 面板单位根检验

CIPS	水平		第一个差异		集成顺序
变量	拦截	截距和 时间趋势	拦截	截距和 时间趋势	
二氧化碳	−1. 844	−2. 375	−4. 715	−4. 872	I ［1］
欧盟	−2. 101	−2. 592	−4. 614	−4. 909	I ［1］
国内生产总值	−2. 002	−2. 382	−3. 943	−4. 195	I ［1］
NRD	−2. 003	−2. 419	−4. 961	−5. 061	I ［1］
UR	−1. 725	−1. 516	−4. 170	−2. 923	I ［1］
TO	−1. 574	−1. 931	−3. 973	−4. 202	I ［1］
工业	−1. 072	−1. 536	−4. 620	−4. 736	I ［1］

表5-4(续)

CIPS	水平		第一个差异		集成顺序
变量	拦截	截距和时间趋势	拦截	截距和时间趋势	
重要程度	10%	5%	1%		
截距（CV）	−2.02	−2.08	−2.19		
截距和时间趋势（CV）	−2.52	−2.58	−2.69		

5.3.3 面板协整检验结果

表5-5和表5-6（二氧化碳模型为表5-5，欧盟模型为表5-6）揭示了两种模型的面板协整试验的主要结果，其中包括 Kao（1999）、Pedroni（2004）和 Westerlund（2007）的检验方法。从 Westerlund 检验的结果可以看出，基于100个自举复制的面板和组协整检验的概率值是显著的，这证实了两个模型中的变量之间存在协整。此外，我们应用了 Kao（1999）和 Pedroni（2004）的协整检验来检验结果的稳健性。在 Pedroni 的7个协整检验中，有4个具有很强的显著性：面板 pp 统计、面板 ADF 统计、组 pp 统计和组 ADF 统计。这有力地证明了潜在变量之间存在协整。Kao 协整检验也给出了两个模型相似的结果。协整的存在使得对长期关系的模型进行估计是合理的。因此，我们应用 AMG 和 CCEMG 估计器来确定潜在解释变量对能源使用和二氧化碳排放的长期影响。

表5-5 面板协整的结果（二氧化碳模型）

H0：无协整	面板测试	统计值	P 值
Westerlund 检验	面板-t	−18.676	0.050
	面板-a	−9.322	0.050
	t 组	−12.566	0.014
	a 组	−8.391	0.575
Pedroni 检验	**面板特定测试**		
维度内	Philip Perron（PP）统计小组	−6.730 1	0.000
	面板增强 Dickey – Fuller（ADF）统计	−7.804 2	0.000
维度间	**组特定检验**		
	Philip Perron（PP）统计组	−11.437 3	0.000

表5-5(续)

H0：无协整	面板测试	统计值	P 值
	群增广 Dickey - Fuller（ADF）统计量	−5.111 4	0.000
Kao 检验	增广 Dickey-Fuller（ADF）t 统计量	−4.377 2	0.000

表 5-6 小组协整结果

H0：无协整	面板测试	统计值	P 值
Westerlund 检验	面板-t	−18.893	0.040
	面板-a	−8.635	0.050
	t 组	−12.475	0.022
	a 组	−18.350	0.043
Pedroni 检验	**面板特定测试**		
维度内	Philip Perron（PP）统计小组	−4.872 7	0.000
	面板增强 Dickey - Fuller（ADF）统计	−3.962 6	0.000
维度间	**组特定检验**		
	Philip Perron（PP）统计组	−7.489 0	0.000
	群增广 Dickey - Fuller（ADF）统计量	−2.282 5	0.011
Kao 检验	增广 Dickey-Fuller（ADF）t 统计量	−11.145 9	0.000

5.3.4 面板因果关系检验

为了评估自然资源枯竭、经济增长、贸易开放、城市化和工业化对二氧化碳排放和能源使用的影响［其模型表达式如式（5-2）和式（5-3）所示］，我们使用了 AMG 估计，其结果如表 5-7 所示。由表 5-7 可见，针对二氧化碳排放的影响因素评估［CO_2，模型表达式为式（5-2）］，根据面板 AMG 的估计结果，经济增长、城市化率、贸易开放性与自然资源损耗对二氧化碳排放有显著的积极影响；而工业化显示了对二氧化碳排放量的负向影响［见图 5-3（a）］。工业增加值与二氧化碳排放的负相关关系在于对技术现代化和创新措施的投资增加，这些措施都是有利于节能的，即有助于以较好的能源使用水平生产商品，从而确保减少二氧化碳排放（Jin et al.，2017；Liu et al.，2017）。

同样，针对能源使用的评估 [EU，模型表达式为式（5-3）]，面板 AMG 估计揭示了经济增长与自然资源损耗对能源消费的影响是正向的，即对能源使用有显著贡献。贸易开放性与城市化对能源消耗的影响不显著，而工业化水平与能源使用量呈负相关。能源使用和工业化之间的负相关关系可以通过可再生能源的技术创新来解释，这些技术创新可潜在地减少基于碳的化石燃料消费的负担（Owusu et al.，2016）。值得注意的是，从长期来看，经济增长率提高了 1%，通过保持其他协变量不变，平均能源使用量和二氧化碳排放量分别提高了 0.584% 和 0.589%。这种现象解释了经济增长是导致 BRI 国家环境恶化的原因。我们的研究发现类似于 Destek、Sarkodie（2019）和 Rauf 等（2018）的研究，其研究结论为，经济增长导致二氧化碳排放和能源使用的增加。一个国家国内生产总值的增长会促进能源需求的增长。此外，自然资源枯竭与二氧化碳排放之间存在正相关关系，表明自然资源枯竭增加 1% 导致二氧化碳排放增加 0.018 4%，达到极高水平。这里，问题主要是自然资源的不断消耗和高耗能技术的广泛应用。这可能与 56 个 BRI 国家的自然资源消耗和二氧化碳排放之间的积极联系有关，因为其中许多国家的石油勘探和采矿业发达（Umbach，2019）。例如，石油和矿业国家的大生产商利用高耗能的工业单位来开发自然资源，从而使环境恶化成为可能（Mudakkar et al.，2013；Kwakwa et al.，2018）。此外，在使用 AMG 方法对二氧化碳排放和能源消耗的影响进行的相关估算中，有证据表明，城市化进程中 1% 的增长平均使能源使用量和 CO_2 排放量分别增加了 1.901% 和 4.77%。与城市化相关的二氧化碳排放量增加的原因是，建筑和基础设施开发中使用的能源密集型机械增加了化石燃料能源的使用量，这导致了破坏环境气体的大量排放（McGee et al.，2018）。同样，我们的研究结果与 Salim 等（2014）和 Dong 等（2019）的研究结果相似。他们在研究中指出，人口规模增加了二氧化碳排放量和能源使用量。与 BRI 国家一样，贸易的开放也促进了二氧化碳排放和能源使用；这是因为高耗能产业的贸易增加，这些产业可轻易地使用大量能源（Ertugrul et al.，2016）。在二氧化碳模型 [参见式（5-2）] 中，贸易开放系数为 0.078 5，这表明贸易增长 1% 会使 BRI 国家的排放量平均增加 0.078 5%。

表 5-7　面板 AMG 和 CCEMG 估计量的结果

变量	AMG（$\ln CO_2$）	CCEMG（$\ln CO_2$）	AMG（$\ln EU$）	CCEMG（$\ln EU$）
$\ln GDP$	0.589 9 *** (0.115 9)	0.448 6 *** (0.109 5)	0.584 4 *** (0.077 3)	
$\ln NRD$	0.018 4 ** (0.017 6)	0.028 6 * (0.015 4)	0.004 2 * (0.002 3)	
$\ln UR$	4.773 *** (1.781 6)	1.059 (1.998 4)	1.901 (1.491)	
$\ln TO$	0.078 5 ** (0.039 3)	0.019 8 (0.025 6)	0.017 4 (0.026 1)	
$\ln IND$	−0.001 85 (0.001 3)	−0.029 1 * (0.017 2)	−0.000 7 (0.000 7)	
观测值	1 400	1 400	1 400	1 400
组	56	56	56	56
Wald Chi 统计值	40.09	22.7	63.26	32.87
均方根误差（RMSE）	0.036 5	0.024 7	0.026	0.016 4

注：括号中的标准误差 *** 为 $p<0.01$，** 为 $p<0.05$，* 为 $p<0.1$。

5.3.5　稳健性分析

CCEMG 检验了面板 AMG 估计结果的稳健性。该模型的 CCEMG 估计 [CO_2，式（5-2）] 得出的结果几乎与 AMG 估计值相同，表明经济活动的增长往往会增加能源使用量和 CO_2 排放量，并进一步增加自然资源的消耗量和贸易开放度。因此，我们得出结论，在一个由 56 个 BRI 国家组成的小组中，许多因素导致了 CO_2 排放和能源使用，其中自然资源枯竭、贸易开放、工业化、经济增长和城市化，这些都极大地影响了 CO_2 排放。当我们以能源使用为因变量 [EU，式（5-3）] 探索长期动态时，结果对于工业化和城市化意义不大。但是，经济增长和自然资源枯竭的显著正值再次验证了我们的样本与能源使用的正相关关系 [见图 5-（b）]。在能源使用和二氧化碳排放模型中都加入了工业增加值，假定为负号。从这些估计得出的主要结论是：第一，经济增长导致二氧化碳排放量上升。第二，自然资源枯竭有可能加剧二氧化碳的排放。贸易开放性也是 56 个 BRI 国家的 CO_2 排放的重要贡献者。第三，城市化还加剧了所有"一带一路"沿线国家的二氧化碳排放量和能源使用量。第四，工业化水平的提升降低了"一带一路"沿线国家的二氧化碳排放量和传统化石燃料消耗。

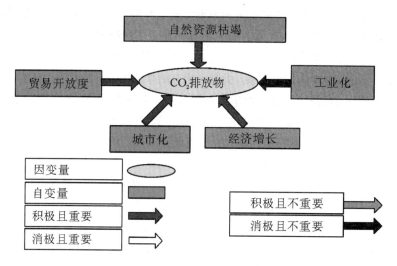

（a） BRI 国家不同自变量对二氧化碳排放的影响

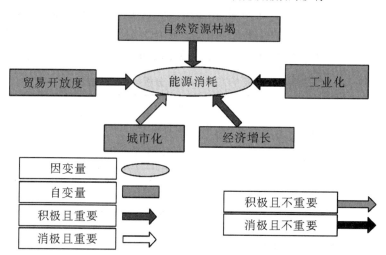

（b） BRI 国家不同自变量对能源使用的影响

图 5-3　BRI 国家不同自变量对二氧化碳排放及能源使用的影响

5.3.6　因果关系检验的结果

确定因果关系的方向是经济分析中必不可少的步骤，这对于决策者制定政策至关重要。由于在能源使用和二氧化碳排放量及其影响因素之间形成了协整关系，因此我们使用了恩格尔和格兰杰（1987）因果关系检验来确定主要变量之间的因果关系方向。表5-8和表5-9提供了56个"一带一路"沿线国家小组 CO_2 排放和能源使用模型变量之间的各种因果关系。表5-8针对 CO_2 排放模型进行了总结，其结果［图5-4（a）中进行了汇总］显示了从经济增长、城市、自然资源枯竭和工业化到 CO_2 排放的单方面因果关系。同样，从自然资源枯竭到城市化和经济增长也存在单向因果关系。此外，研究结果还探讨了城市化、自然资源枯竭和贸易开放与经济增长之间的单向因果关系，也探索了"一带一路"沿线国家从经济增长和自然资源到工业化，工业化再到城市化的单向因果关系。对于 CO_2 排放、城市化、自然资源耗竭和工业化而言，滞后误差校正项（ECT）的负显著价值意味着在我们的主要 CO_2 方程变量之间存在长期因果关系。

表5-9和图5-4（b）给出了能源使用模型的短期因果关系结果。结果表明，从城市化、贸易开放、自然资源消耗到能源使用，存在单向因果关系。从"一带一路"沿线国家的城市化、贸易开放和工业化到经济增长，还有其他单向效应。虽然在经济增长和能源使用，贸易开放和工业化之间已发现双向因果关系。我们还发现了单向因果关系的证据：在BRI国家中，从经济增长到自然资源枯竭，从自然资源枯竭到工业化。除了短期因果关系外，能源使用模型的滞后误差校正项（ECT）也是显著且为负的。图5-5（a）和5-5（b）［对于 CO_2 模型为5-5（a），对于EU模型为5-5（b）］显示了变量之间长期因果关系的关键发现。

表5-8　面板 VECM Granger 分析（CO_2 模型）

解释变量	短期						长期
	$\Delta \ln CO_2$	$\Delta \ln UR$	$\Delta \ln GDP$	$\Delta \ln NRD$	$\Delta \ln TO$	$\Delta \ln IND$	ECT_{t-1}
	F-stat [p-value]						t-stat [p-value]
$\Delta \ln CO_2$	—	0.104 [0.742]	1.335 [0.242]	0.389 [0.531]	0.000 1 [0.991]	1.003 0 [0.311]	-0.009 7 *** [0.000]
$\Delta \ln UR$	21.521 *** [0.000]	—	11.479 ** [0.000]	0.048 [0.821]	0.146 [0.702]	1.300 4 [0.254]	2.68E- *** [0.000]
$\Delta \ln GDP$	25.198 *** [0.000]	1.378 [0.245]	—	0.553 [0.451]	0.473 [0.491]	28.153 *** [0.000]	-0.001 6 * [0.071]
$\Delta \ln NRD$	3.117 * [0.071]	3.060 * [0.081]	3.958 ** [0.041]	—	0.067 [0.792]	1.659 * [0.090]	-0.013 * [0.076]
$\Delta \ln TO$	0.091 [0.762]	1.508 [0.213]	4.832 ** [0.021]	0.121 [0.722]		0.016 7 [0.890]	-0.043 [0.443]
$\Delta \ln IND$	3.008 * [0.083]	2.631 * [0.085]	0.237 [0.623]	1.037 [0.303]	0.695 [0.401]	—	-0.760 *** [0.000]

注：Δ 表示一阶运算符，*** 、** 和 * 分别表示1%、5%和10%的显著性水平。

表 5-9　面板 VECM Granger 分析（EU 模型）

解释变量	短期						长期
	Δ lnEU	Δ lnUR	Δ lnGDP	Δ lnNRD	Δ lnTO	Δ lnIND	ECT_{t-1}
	F-stat [p-value]						t-stat [p-value]
Δ lnEU	—	4.021 [0.133]	13.064*** [0.001]	0.537 [0.764]	2.416 [0.298]	2.247 [0.325]	-0.0197*** [0.000]
Δ lnUR	28.508*** [0.000]	—	5.219* [0.073]	0.474 [0.788]	0.4353 [0.509]	1.674 [0.432]	5.74E-* [0.060]
Δ lnGDP	21.627*** [0.000]	0.0003 [0.999]	—	4.470** [0.041]	2.257 [0.323]	4.353 [0.113]	-0.0165*** [0.000]
Δ lnNRD	11.023** [0.014]	2.267 [0.321]	1.742 [0.418]	—	0.176 [0.915]	6.748** [0.034]	-0.0526** [0.035]
Δ lnTO	26.098*** [0.000]	2.805 [0.245]	11.686*** [0.002]	0.184 [0.912]	—	7.221** [0.027]	-0.0333* [0.093]
Δ lnIND	2.506 [0.281]	3.964 [0.137]	7.302** [0.026]	0.929 [0.628]	8.557** [0.013]	—	-0.5266 [0.162]

注：Δ 表示一阶运算符，***、** 和 * 分别表示 1%、5% 和 10% 的显著性水平。

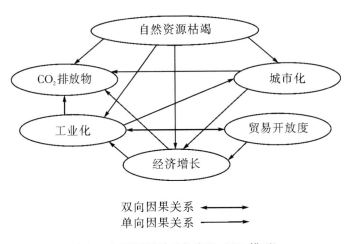

（a）　短期因果关系的流程（CO_2 模型）

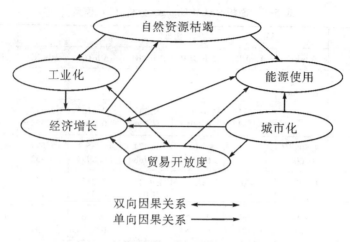

（b） 短期因果关系的流程（EU 模型）

图 5-4 短期因果关系的流程

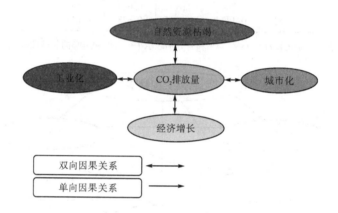

（a） 长期因果关系的流程（CO_2 模型）

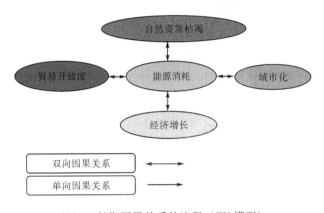

（b）　长期因果关系的流程（EU 模型）

图 5-5　长期因果关系的流程

5.4　本章小结

　　本章采用 1990—2014 年的 STIRPAT 模型，考察了 56 个 BRI 国家的自然资源枯竭对能源使用和 CO_2 排放的影响。为了处理面板数据集中的横截面依赖性，我们使用了几种因果关系测试，包括面板单位根检验、协整测试以及面板短期和长期因果关系测试。

　　研究的主要结果如下：首先，实证估计表明，由于经济相互依存度不断提高，数据在各个国家之间都具有横断面依赖性。其次，在一个由 56 个 BRI 国家组成的小组中，自然资源枯竭、城市化、经济增长和贸易开放对 CO_2 排放水平产生了积极而重大的影响。同样，经济增长和自然资源枯竭与"一带一路"沿线国家的能源使用正相关。最后，已经发现自然资源消耗、经济增长、城市化和工业化与二氧化碳排放之间存在单向因果关系。

　　此外，我们已经发现，从自然资源枯竭到城市化，以及自然资源枯竭和贸易开放度到经济增长，存在单向因果关系。同样，对于能源使用模型，有证据表明自然资源枯竭、城市化以及对能源使用的贸易开放性都具有单向因果关系。经济增长与能源使用模型中自然资源的枯竭以及从自然资源枯竭到工业化的因果关系得到了证明。此外，研究结果表明，能源使用与经济增长之间存在双向因果关系。两个模型中的滞后误差校正项（ECT）提供了基础变量之间长期因果关系的证据。这种关系表明，高能耗技术在开采自然资源中的使用加剧了"一带一路"经济体的环境退化和化石燃料消耗。

6　结论与讨论

　　本书从环境、社会、经济和治理的角度，总结了"一带一路"沿线国家在自然资源利用和可持续投资方面可能存在和尚未解决的问题。第1章从可持续发展的基本原则出发，阐述了自然资源的潜力及其利用，不仅解释中国企业在东道国的投资风险和机会，还总结性地描述了三个研究方向的主要动机及其相关研究问题。本章介绍了海外投资项目在东道国面临的来自政治、经济、社会和环境等方面各种挑战的背景，并为开展不同且相互关联的研究方向奠定了基础；同时，本章还包含研究目的以及确定的关键目标，不仅说明进行三项相互关联的研究的目的和目标，而且概述了六个研究问题以及根据这些问题进行研究的动机。本章还介绍了本书的组织结构，并对后面每一章进行了简要的描述。

　　第2章从中国企业在"一带一路"沿线国家的投资风险和机会、绿色能源行业综合指数的制定、自然资源利用及其对二氧化碳排放和能源利用的影响等方面进行文献综述。本章在总结过去和现有研究成果的基础上，深化了可持续投资的概念，它如何起源于社会科学？此外，在不同的社会科学领域又是如何提出的？不限于可持续投资概念的演变，本章提供了一些研究见解，用以支持在第3、第4和第5章中提出的概念，同时提供了定义和过去的研究人员的贡献和实证结果以支持本书的研究。

　　第3章对"一带一路"沿线国家的经济基础、政治稳定、环境风险和资源潜力进行了评估，提出了中国企业海外投资的投资决策策略。该策略结合政治稳定、经济基础、环境风险、自然资源潜力等指标对中国企业可能存在的整体投资风险进行评价。

　　共建"一带一路"倡议内的国家表现出多样化的政治、经济和环境特征。由于存在这些差异，每个国家对自然资源、经济发展和环境覆盖的要求都不相同。这些国家的这种差异导致一些"一带一路"项目被取消。这方面的例子包括中国在缅甸的莱比塘铜矿项目和密松大坝项目因内部政治和环境问题而暂停，以及中国在印度尼西亚的雅加达—万隆高铁项目由于缺乏环境风险评估研究而一度暂停。这些挫折源于缺乏投资领域的信息，缺乏理性的期望、决策选择和科学研究。

从经济基础较强、政治体制稳定、环境风险较低、自然资源潜力较大等来考虑，中东欧的斯洛文尼亚、罗马尼亚、立陶宛以及东南亚的新加坡是海外投资的合理选择。新加坡接收了中国在矿业、交通和能源发电等行业的大部分投资（Huang，2018）。

在环境风险方面，卡塔尔的化石燃料能源消耗高，二氧化碳排放水平高。然而，它拥有一个相对稳定的政府，在中东和北非地区有着良好的经济基础，在能源投资方面有很大的潜力（Duan et al.，2018）。因此，中国企业可以考虑将投资重点放在可再生能源上，而不是传统的石油、天然气和煤炭能源。在东亚，蒙古国被列为二氧化碳排放强度高的国家。然而，蒙古国在风能方面拥有宝贵的资源，这可以为中国企业在高能源安全和环保领域提供投资的可能性（Han et al.，2009）。在南亚地区，印度的温室气体排放量很高，存在严重的环境问题。然而，中国在印度的投资额相当高（Huang，2018）。因此，在对印度投资之前，有必要进行一次彻底的环境影响评估（EIA），以考虑项目投资对生态的影响。与其他"一带一路"沿线国家相比，俄罗斯在生态上更加脆弱，受到威胁的动物种类也更多（Huang，2018；麦克卢尔 等，2018）。因此，在投资之前，中国企业应该完成生物多样性和野生动物栖息地的生态评估。

关于中东和北非地区的政治风险，我们的研究结果表明，中国企业在叙利亚投资存在潜在的政治威胁。尽管叙利亚和也门的政治暴力活动频繁，但该地区拥有潜在的石油和天然气资源（Duan et al.，2018），这使得它们在能源投资方面具有吸引力。在东南亚，东帝汶经济基础薄弱；然而，它在自然资源潜力方面得分很高。根据最近的一份报告，石油基金几乎满足了东帝汶95%的经济活动支出（Damien，2018）。因此，中国企业应该考虑投资技术密集型的石油和天然气行业，这可能会给东帝汶创造新的就业机会，并改善当地经济。在中东欧的资源潜力方面，立陶宛在渔业生产方面的资源潜力得分很高。在东南亚和东亚，老挝和蒙古国的自然资源指标潜力不大。对自然资源的不当开发造成了这两个国家的环境损失。因此，有必要考虑对促进这些地区积极的生态、社会和可持续发展的项目进行投资。

第4章从可持续发展支柱（环境、社会、经济和治理）的角度，对构建绿色能源可持续投资指标（GESII）的理论框架进行了概述、实证分析和结果分析。通过对"一带一路"沿线国家的比较分析，本章考察了各国在环境、社会、经济、国家治理等方面综合绩效评价的情况，描述 2006—2015 年所有国家得分的目的是对"一带一路"沿线国家在绿色能源领域可持续投资方面进行排名和测验。此外，2015 年 GESII 关于四个维度的划分用以解释每个维度上相应的国家绩效。除了 2008 年和 2009 年，新加坡在 2006 年至 2015 年一直领跑 GESII，以色列、黑山、柬埔寨和阿联酋紧随其后。没有哪个国家在这四个方面都名列前茅。这意味着，即使是表现良好的国家，在评分较低的方面也有很大的发展空间。例如，新加坡在除环境因素外的所有因素中排名第一，这主要是由于其 CO_2 减排效果不佳，发电和可再生能源发电能力所占比例较小（Lee et al., 2015）。在过去的十年中，纳入 GESII 的国家在经济发展程度上有明显的差异。只有几个"一带一路"沿线国家进入了指数的前半部分，包括新加坡、以色列、黑山、柬埔寨和阿联酋。在东南亚国家中，新加坡是表现最突出的国家，历来排名第一。然而，大多数独联体国家排在最后一半。这说明，经济发展状况与 GESII 之间存在一定的相关性。但也有几个例外，如以色列。以色列尽管经济发达，但仍面临经济和环境问题。这与以往的研究结果一致（Lee et al., 2015；Shah et al., 2019）。

第 5 章从自然资源枯竭的角度对理论框架进行了概述、实证分析和结果分析。本章的研究重点是"一带一路"沿线国家自然资源枯竭对能源利用和二氧化碳排放的影响。本章使用第二代估计方法，即 AMG 和 CCEMG 估计方法。这两个估计方法都用于评估自然资源消耗、经济增长、贸易开放、城市化和工业化对能源使用和二氧化碳排放的影响。对于 CO_2 排放模型，通过对 panel AMG 的估计，lnGDP、lnUR、lnNRD、lnTO 的系数对 CO_2 排放有显著的正向影响，而 lnIND 与 CO_2 排放呈负相关关系。工业化对二氧化碳的抑制作用在于技术现代化和对具有能源效率的创新措施的投资。它有助于在熟练的能源使用水平上生产商品，从而确保减少二氧化碳排放（Jin et al., 2017；Liu et al., 2017）。同样，对于能源利用模型，面板 AMG 的估计说明 lnGDP 和 lnNRD 的系数为正，对能源利用有显著贡献。lnTO 和 lnUR 对能源利用的影响为正，但影响不显著，而 lnIND 对能源利用的影响一般为负。能源使用和工业化之间的负面影响可以通过绿色能源技术创新来降低，这可能会减少碳基化石燃料消费的威胁（奥乌苏 等，2016）。大多数情况下，在保持其他协变量不变的情况下，长期内经济增长 1%，平均能源使用量和二氧化碳排放量分别增加 0.584% 和 0.589%。这一现象说明，经济增长是导致"一带一路"沿线国家环境恶化的重要原因。我们的结果与 Destek、Sarkozy（2019）和 Rauf 等（2018）的研究结果一致，他们证实了经济增长导致二氧化碳排放量和能源使用量增加，一个国家 GDP 的增长会增加能源需求。

此外，自然资源消耗与二氧化碳排放之间存在正相关关系，即自然资源消耗每增加 1%，二氧化碳排放增加 0.018 4%，且十分显著。目前，主要问题在于自然资源的不可持续利用和能源密集型技术的广泛使用。这可能与"一带一路"沿线国家的自然资源消耗和二氧化碳排放之间的正相关关系有关，因为其中许多国家的石油勘探和采矿业发达（Umbach，2019）。例如，石油和矿业大国通过使用能源密集型工业单位来利用自然资源，使得环境恶化成为可能（Mudakkar et al.，2013；Kwakwa et al.，2018）。此外，AMG（二氧化碳模型）和 AMG（能源使用模型）中也有证据表明，城市化每增加 1%，能源使用量和二氧化碳排放量平均分别增加 1.901% 和 4.77%。与城市化相关的二氧化碳排放增加的原因是，建筑和基础设施建设中使用的能源密集型机械增加了化石燃料能源的使用量，导致大量二氧化碳排放到环境中（McGee et al.，2018）。同样，我们的结果与 Salim 等（2014）和 Dong 等（2019）的结果一致，他们的研究表明，人口规模会加剧二氧化碳排放和能源使用。"一带一路"沿线国家的贸易开放也增加了二氧化碳排放和能源消耗；这是由于污染行业的贸易扩大，这些行业使用了大量的能源（Ertugrul et al.，2016）。在 CO_2 模型中，贸易开放系数为 0.078 5，表明贸易增长 1%，"一带一路"沿线国家的排放量平均增加 0.078 5%。

此外，为了对面板 AMG 估计结果进行稳健性检验，我们使用了 CCEMG 估计。CCEMG 估计结果与 AMG 估计结果基本一致，表明经济活动的激增导致能源使用量和二氧化碳排放量增加，自然资源开发活动增加。因此，我们认为，影响"一带一路"沿线国家二氧化碳排放和能源利用的主要因素有自然资源消耗、贸易开放、工业化、经济增长、城市化等，这些因素对二氧化碳排放影响显著。本书得到的关键结果如下：①经验估计表明，由于经济上的相互依赖性日益增强，数据在各个国家之间具有很强的跨部门依赖性。②自然资源消耗、城镇化、经济增长、贸易开放对"一带一路"沿线国家二氧化碳排放水平有积极而显著的影响。同样，经济增长和自然资源消耗与"一带一路"沿线国家的能源消费也存在正相关关系。③自然资源消耗、经济增长、城市化、工业化与二氧化碳排放之间存在单向的因果关系。

本书旨在对自然资源的可持续利用提出一些见解，同时希望在"一带一路"沿线国家不同投资项目上建立可持续投资机制方面带给学者和实践者一些启发。此外，本书还提供了一个将环境、社会、经济和治理因素整合到投资过程中的详细解释，以帮助投资者获得一个可持续的投资环境。

6.1 政策启示

根据本书三个方面的研究结果，我们提出了一些政策建议，以帮助政策制定者从自然资源利用和可持续投资机制方面制定可持续的投资战略。

（1）对投资风险的各个方面都要进行认真的检查。中国企业在进行海外投资时，不能只关注单个项目的风险；相反，企业应该评估可能存在的全球风险。此外，企业不应专注于简单的风险规避，而应专注于海外投资的可持续发展和未来市场的机会。

（2）中国企业在进行海外投资决策时，应加强环境成本效益的定量研究。此外，它们可以尝试雇用第三方，如环境顾问、智库或律师来研究东道国的环境法规。这样，中国企业将更好地处理与"一带一路"沿线国家之间的问题，包括与政治、社会、经济以及环境相关的冲突。

（3）为了提高环境监管能力，中国政府应敦促企业开发绿色投资信息门户网站，以吸引海外投资。此外，政府应该鼓励创建绿色资源信息平台，支持相关技术路线和实践。这包括建立知识基地、建立绿色管理数据库以及安装新的信息系统（IS），以提供环境指导所需的适当数据及使各门户网站能够检索东道国的环境管理经验。

（4）中国政府还应提升投资者信息咨询的便捷性，对环境风险实行预警机制。可以肯定的是，如果没有本书第三章所述的建议，中国企业很可能缺乏对海外投资市场各个侧面的关注，这增加了没有获得新业务渠道的投资者的风险。此外，中国政府应该定期发布政策白皮书，以解决历史既有的环境风险问题和消除投资者的担忧。

（5）中国政府应继续帮助"一带一路"沿线的最贫困国家提高参与全球经济可持续发展的能力。这包括制定和建立必要的相关政策和体制框架，以吸引"一带一路"沿线国家的私人资本，同时最大限度地减少共建"一带一路"倡议下与国家相关的环境或社会的不利影响，并为技术合作提供适当的支持。

（6）"一带一路"沿线国家的投资者应使用环境、社会和法规影响评估以及成本效益分析等工具，在做出决策之前将关键的经济、环境和社会因素纳入政策分析和设计框架中，以确保投资方案的实施。

（7）绿色能源可持续投资指标（GESII）可以帮助国家决定如何促进绿色能源部门的长期发展，从而可以帮助国家吸引绿色能源投资，形成国家之间的竞争领域。该指数提供了有关各国在环境、社会、经济和体制方面的过去和现在的广泛信息，因此，也可以作为一种全面的监控工具，从绿色能源发展的角度确定一个国家的优势和劣势。

（8）资源消耗、贸易开放、经济增长是"一带一路"沿线国家能源利用和二氧化碳排放的基础。因此，能源使用者需要使用碳效率技术，并鼓励有效利用能源，以控制二氧化碳排放，促进能源安全和城市发展。

（9）在"一带一路"沿线国家，如果自然资源消耗对二氧化碳排放和能源利用产生不利影响，各国政府应制定严格政策，鼓励和促进自然资源的可持续利用。

（10）政策制定者需要妥善进行自然资源开采以应对能源安全问题。

（11）城市化和贸易开放是环境退化的根源，需要在全球层面采取紧急政策来应对。有必要提高排放密集型和能源密集型技术的进口关税，以促进"一带一路"沿线国家的环境友好发展。

（12）"一带一路"沿线国家应加强对可再生资源的环境阈值、自然资源的非市场价值评估方法以及更有效地利用或循环利用自然资源的技术的研究。

（13）"一带一路"沿线国家可以更多地使用环境税、可交易的许可证以及其他基于市场的方法来管理自然资源。

6.2 研究的局限性

本书第 3、4、5 章的研究还存在一些不足。

第 3 章的研究存在以下不足：首先，本章只关注中国企业在东道国的投资风险和机会，对中国企业的考虑仅限于投资风险和机会。考虑对其他共建"一带一路"倡议参与国家的公共和私营企业的投资风险和机会可能会产生不同的结果。其次，为了保证数据的可用性和一致性，本章对数据的获取和变量的选择都做出一定的限制。在以后的研究中，应该搜索新的变量并将其包含在评估中。最后，由于投资的多样性和陆地生态系统的复杂性，在环境、社会、经济和治理方面的评估应该更有针对性，使用类似的评估模型和变量，对全球、共建"一带一路"倡议的新参与国家和不同的"一带一路"地区进行评估。

第 4 章的研究也有明显的不足。首先，本章利用环境、社会、经济和制度等方面的 22 个变量，构建了绿色能源领域的综合指数，但不能说已经涵盖了绿色能源领域的全貌。其他相关变量的组合可能更有意义。其次，本章中，由于数据的可获得性，"一带一路"沿线国家的范围仅限于47个国家；而其他新加入这一倡议的国家也必须考虑绿色能源部门的影响指数。最后，本章仅选择绿色能源领域，存在一定的局限性。如果选择另一个部门，例如非可再生能源部门，则可能会产生不同的结果和启示。

第5章的研究存在以下几点局限性：首先，本章选取的研究变量为自然资源消耗、城市人口、工业增加值和经济增长，这些变量与"一带一路"沿线国家的碳排放和能源的影响相关度很高。然而，由于数据的可获得性问题，这项研究并没有涵盖碳排放和能源使用的所有决定因素。其次，除了现有的变量，研究人员还应该考虑碳排放和能源的其他决定因素，如"一带一路"沿线国家的制造业、建筑业、采矿业和农业活动等，可能会提供更全面的成果。最后，鉴于数据的可获得性，数据期限只覆盖了1990—2014年。

6.3 研究展望

本书的研究工作为今后的研究指明了方向。展望未来的研究，学者和实践者可能会得到更有说服力的结果。

第3章的研究给出了具体的未来研究的方向：首先，选择其他新参与共建"一带一路"倡议的国家，可以为未来的研究范式提供令人兴奋的结果。其次，未来的研究还可以在每个维度中增加更多的指标。最后，未来的研究也可以通过不同的研究方法来考察中国企业在东道国的投资风险和机会，并与现有的研究结果进行比较。

根据第4章的研究可以展望：首先，未来的研究可以考虑利用现有的四个维度，即从绿色能源综合指数的角度衡量中国和中国各省份以及"一带一路"沿线国家，可以得出更有利的结果。其次，在构建综合指数时可以考虑其他赋予权重的方法，如主成分分析法（PCA）和数据包络分析法（DEA）。最后，数据应至少更新到2019年，并考虑共建"一带一路"倡议对绿色能源可持续投资指标（GESII）的影响。

根据第5章的研究，可以展望：首先，未来的研究可能会选择其他一些自然和人为的二氧化碳排放来源，如交通部门和工业部门包括制造业、建筑业、矿业以及农业，以进一步考察这些因素对"一带一路"沿线国家碳排放和能源使用的影响。其次，除了现有的方法，未来的研究可能会使用替代的估计技术，如增强均值组面板，共同相关效应均值组以及 Dumitrescu 和 Hurlin 面板格兰杰因果关系算法，将结果与当前的研究结果进行比较。最后，未来的研究可以通过使用不同的方法分析新型冠状病毒对东道国能源利用、工业化、经济增长和二氧化碳排放的影响，并与现有的结论进行比较。

本书提供了有关利用自然资源和可持续投资机制来促进"一带一路"沿线国家以可持续方式建立投资的一系列具体认识。基于本书的实证结果，学者和从业人员可以为"一带一路"沿线国家不同的投资项目建立可持续的投资机制。此外，本书还提供了将环境、社会、经济和治理因素整合到投资过程中的详细解释，从而为投资者提供了可持续投资的理念与方法。本书提出了一些易于操作的政策和策略，有助于协助中国企业在参与海外投资时做出明智的决策，将潜在风险最小化，并实现可持续发展。此外，本书提出了"一带一路"沿线国家绿色能源行业发展的综合指标。目标指数不仅可以为绿色能源领域的投资政策提供参考，而且可以在定义明确的过程中使用相关的经济和非经济变量。本书还有助于国家实现联合国可持续发展目标（SDG's）中的目标 12（负责任的消费和生产），为当前人们对自然资源使用的理解做出了贡献。本书的研究在现有文献基础上引入了一个新的解释变量（自然资源枯竭）。自然资源枯竭是二氧化碳排放量和能源消耗量的潜在决定因素。此外，本书还为决策者在支持自然资源的可持续利用上提供了意见，以解决二氧化碳的排放问题。

参考文献

AHMED K, MAHALIK M K, SHAHBAZ M, 2016. Dynamics between economic growth, labor, capital and natural resource abundance in Iran: an application of the combined cointegration approach [J/OL]. Resources policy, 49: 213 - 221 [2019-04-12]. https://doi.org/10. 1016/j.resourpol.2016. 06. 005.

AJZEN I, 2014. The theory of planned behaviour is alive and well, and not ready to retire: a commentary on Sniehotta, Presseau, and Araújo-Soares [J/OL]. Health psychology review, 9 (2): 131 - 137 [2018-01-12]. https://doi. org/ 10. 1080/17437199. 2014. 883474.

AL-MULALI U, OZTURK I, 2015. The effect of energy consumption, urbanization, trade openness, industrial output, and the political stability on the environmental degradation in the MENA (Middle East and North African) region [J/OL]. Energy, 84: 382 - 389 [2018 - 01 - 12]. https://doi. org/10. 1016/j. energy. 2015. 03. 004.

ALI S, ZAHRA N, NASREEN Z, et al., 2013. Impact of biogas technology in the development of rural population introduction definition of biogas[J/OL]. J. anal. environ. chem, 14(2):65-74[2019-01-17]. http://www.ceacsu.edu.pk/PDF file/ Volume 14 No 2/65-74-PJAEC-08102013-24[1].pdf.

AMIRI H, SAMADIAN F, YAHOO M, et al., 2019. Natural resource abundance, institutional quality and manufacturing development: evidence from resource-rich countries [J/OL]. Resources policy, 62: 550-560 [2019-02-12]. https:// doi.org/10. 1016/j.resourpol.2018. 11. 002.

AMIRSHENAVA S, OSANLOO M, 2018. Mine closure risk management: an integration of 3D risk model and MCDM techniques [J/OL]. Journal of cleaner production, 184: 389 - 401 [2018 - 04 - 21]. https://doi. org/10. 1016/j. jclepro. 2018. 01. 186.

ASCENSÃO F, FAHRIG L, CLEVENGER A P, et al., 2018. Environmental challenges for the Belt and Road Initiative [J/OL]. Nature sustainability, 1 (5): 206-209 [2019-02-27]. https://doi.org/10. 1038/s41893-018-0059-3.

ATASOY B S, BURAK A, 2017. Testing the environmental Kuznets curve hypothesis across the U. S.: evidence from panel mean group estimators [J]. Renewable and sustainable energy reviews, 77: 731-747.

AZLINA A A, LAW S H, MUSTAPHA N H, 2014. Dynamic linkages among transport energy consumption, income and CO_2 emission in Malaysia [J/OL]. Energy policy, 73: 598 – 606 [2019 – 11 – 23]. https://doi. org/10. 1016/j. enpol. 2014. 05. 046.

BALSALOBRE-LORENTE D, SHAHBAZ M, ROUBAUD D, et al., 2018. How economic growth, renewable electricity and natural resources contribute to CO_2 emissions? [J/OL]. Energy policy, 113: 356-367 [2018-10-07]. https://doi. org/10. 1016/J.ENPOL.2017. 10. 050.

BARBIER E B, 1987. The concept of sustainable economic development [J/OL]. Environmental conservation, 14 (2): 101-109 [2019-01-13]. https:// doi.org/10. 4324/9781315240084-7.

BEHRENS A, GILJUM S, KOVANDA J, et al., 2007. The material basis of the global economy: worldwide patterns of natural resource extraction and their implications for sustainable resource use policies [J/OL]. Ecological economics, 64 (2): 444-453 [2019-01-27]. https://doi.org/10. 1016/j.ecolecon.2007. 02. 034.

BEKUN F V, ALOLA A A, SARKODIE S A, 2019. Toward a sustainable environment: nexus between CO_2 emissions, resource rent, renewable and nonrenewable energy in 16-EU countries [J/OL]. Science of the total environment, 657: 1023-1029 [2019-03-07]. https://doi.org/10. 1016/J.SCITOTENV.2018. 12. 104.

BEN-SALHA O, DACHRAOUI H, SEBRI M, 2018. Natural resource rents and economic growth in the top resource-abundant countries: a PMG estimation [J/OL]. Resources policy, 9: 101229 [2019-03-07]. https://doi.org/10. 1016/j.resourpol.2018. 07. 005.

BENINTENDI R, GOMEZ E M, MARE G D, et al., 2020. Energy, environment and sustainable development of the Belt and Road Initiative: the Chinese scenario and Western contributions [J/OL]. Sustainable futures, 2: 100009 [2020-06-27]. https://doi.org/doi.org/10. 1016/j.sftr.2020. 100009.

BERGESEN J D, SUH S, BAYNES T M, et al., 2017. Environmental and natural resource implications of sustainable urban infrastructure systems [J/OL]. Environ. res. lett, 12: 125009 [2019-02-11]. https://doi.org/10. 1088/1748-9326/aa98ca.

BHUIYAN M A, JABEEN M, ZAMAN K, et al., 2018. The impact of climate change and energy resources on biodiversity loss: evidence from a panel of selected Asian countries [J/OL]. Renewable energy, 117: 324-340 [2018-05-21]. https://doi.org/10. 1016/J.RENENE.2017. 10. 054.

BILGILI F, KOÇAK E, BULUT Ü, et al., 2017. The impact of urbanization on energy intensity: panel data evidence considering cross-sectional dependence and heterogeneity [J/OL]. Energy, 133: 242-256 [2018-05-27]. https://doi. org/10. 1016/j.energy.2017. 05. 121.

BILLAUT J C, BOUYSSOU D, VINCKE P, 2009. Should you believe in the Shanghai ranking? An MCDM view [EB/OL]. [2019-03-02]. https://ideas.re-pec.org/p/hal/wpaper/hal-00877050. html.

Bloomberg New Energy Finance, 2016. Global trend in renewable energy investment [EB/OL]. (2016-12-11) [2018-07-09]. https://about.bnef.com/.

BP Statistical Review, 2019. Statistical review of world energy [EB/OL]. (2019-12-31) [2020-03-05]. https://www.bp.com/en/global/corporate/energy-economics/statistical-review-of-world-energy.html.

BREITUNG J, 2005. A parametric approach to the estimation of cointegration vectors in panel data [J/OL]. Econometric reviews, 24 (2): 151-173 [2019-04-11]. https://doi.org/10. 1081/ETC-200067895.

BREUSCH T S, PAGAN A R, 1980. The Lagrange Multiplier Test and its applications to model specification in econometrics [J/OL]. The review of economic studies, 47 (1): 239 [2019-04-11]. https://doi.org/10. 2307/2297111.

BRIAN P, 2018. Evaluating country risk for international investing [EB/OL]. (2019-02-27) [2019-10-13]. https://www.investopedia.com/articles/stocks/08/country-risk-for-international-investing.asp.

BROWN C L, CAVUSGIL S T, LORD A W, 2015. Country-risk measurement and analysis: a new conceptualization and managerial tool [J/OL]. International business review, 24 (2): 246-265 [2018-02-11]. https://doi. org/10. 1016/J. IBUSREV.2014. 07. 012.

BRUNDTLAND G H, 1987. Report of the World Commission on Environment and Development: our common future [R]. [S. l.: s. n.].

BUCKLEY P J, CLEGG L J, CROSS A R, et al., 2007. The determinants of Chinese outward foreign direct investment [J/OL]. Journal of international business studies, 40 (2): 353 - 354 [2018 - 12 - 27]. https://doi. org/10. 1057/jibs. 2008. 102.

CAI Y, SAM C Y, CHANG T, 2018. Nexus between clean energy consumption, economic growth and CO_2 emissions [J/OL]. Journal of cleaner production, 182: 1001 - 1011 [2019 - 01 - 17]. https://doi. org/10. 1016/J. JCLEPRO. 2018. 02. 035.

CAPELLE-BLANCARD G, MONJON S, 2012. Trends in the literature on socially responsible investment: looking for the keys under the lamppost [J/OL]. Business ethics, 21 (3): 239-250 [2019-01-17]. https://doi.org/10. 1111/j.1467-8608. 2012. 01658. x.

CASTILLO H, PITFIELD D E, 2010. Elastic - a methodological framework for identifying and selecting sustainable transport indicators [J/OL]. Transportation research part D: transport and environment, 15 (4): 179-188 [2019-03-02]. https://doi.org/10. 1016/J.TRD.2009. 09. 002.

CGEF, 2019. GDP Center releases 2019 China's Global Energy Finance (CGEF) Database & policy brief [EB/OL]. (2019-04-15) [2019-10-11]. https://www.bu.edu/gdp/2019/03/07/gdp-center-releases-2019-chinas-global-energy-finance-cgef-database-policy-brief/.

CGIT, 2019. Chinese investment dataset: China global investment tracker [EB/OL]. (2019-02-27) [2019-10-11]. http://www.aei.org/china-global-investment-tracker/.

CHANG R D, ZUO J, ZHAO Z Y, et al., 2017. Evolving theories of sustainability and firms: history, future directions and implications for renewable energy research[J/OL]. Renewable and sustainable energy reviews, 72:48 - 56[2019 - 10 - 13]. https://doi.org/10. 1016/j.rser.2017. 01. 029.

CHANG S C, 2014. The determinants and motivations of China's outward foreign direct investment: a spatial gravity model approach[J/OL]. Global economic review, 43(3):244 - 268[2018 - 12 - 14]. https://doi. org/10. 1080/1226508X. 2014. 93 0670.

CHARFEDDINE L, YOUSEF A A, KORBI K, 2018. Is it possible to improve environmental quality without reducing economic growth: evidence from the Qatar economy [J/OL]. Renewable and sustainable energy reviews, 82: 25-39 [2019-07 -31]. https://doi.org/10. 1016/J.RSER.2017. 09. 001.

CHATZKY A, MCBRIDE J, 2019. China's massive Belt and Road Initiative [EB/OL]. (2019-03-22) [2019-10-11]. https://www.cfr.org/backgrounder/chinas-massive-belt-and-road-initiative.

CHEN F, WANG J, DENG Y, 2015. Road safety risk evaluation by means of improved entropy TOPSIS-RSR [J/OL]. Safety science, 79: 39-54 [2019-11-12]. https://doi.org/10. 1016/j.ssci.2015. 05. 006.

CHEN S, LU X, MIAO Y, et al., 2019. The potential of photovoltaics to power the Belt and Road Initiative [J/OL]. Joule, 3 (8): 1895-1912 [2019-12-14]. https://doi.org/10. 1016/j.joule.2019. 06. 006.

CHIN H, HE W, 2016. The Belt and Road Initiative: 65 countries and beyond [EB/OL]. [2019-07-31]. https://go.nature.com/2qkXrvs.

China Global Energy Finance Database, 2019. China's global energy finance [EB/OL]. (2020-03-01) [2020-09-13]. https://www.bu.edu/cgef/#/intro.

CIESLIK A, GOCZEK Ł, 2018. Control of corruption, international investment, and economic growth: evidence from panel data [J/OL]. World development, 103: 323-335 [2020-09-13]. https://doi.org/10. 1016/j.worlddev.2017. 10. 028.

CÎRSTEA S D, MOLDOVAN - TESELIOS C, CÎRSTEA A, et al., 2018. Evaluating renewable energy sustainability by composite index [J/OL]. Sustainability, 10 (3): 811 [2019-07-30]. https://doi.org/10. 3390/su10030811.

CLAUDE E, 1948. A mathematical theory of communication [J/OL]. The Bell system technical journal, XXVII (3): 379-423 [2019-10-11]. https://doi.org/10. 1016/s0016-0032(23)90506-5.

CORDANO M, FRIEZE I H, 2017. Pollution reduction preferences of U. S. environmental managers: applying Ajzen's theory of planned behavior [J]. Academy of management journal, 43 (4): 627-641.

CROFT T, TRUMKA R L, 2009. Up from Wall Street: the responsible investment alternative [M]. New York: Cosimo Books.

CROIC-IWEP, 2017. Country-risk rating of overseas investment from China: No. 201702 [EB/OL]. [2019-11-12]. http://en.iwep.org.cn/papers/papers_papers/201701/W020170119399685684329. pdf.

DADASOV R, HEFEKER C, LORZ O, 2017. Natural resource extraction, corruption, and expropriation [J/OL]. Review of world economics, 153 (4): 809－832 [2019－11－12]. https://doi.org/10. 1007/s10290－017－0288－y.

DAMIEN K, 2018. Hard times ahead for a politically divided Timor－Leste [EB/OL]. (2019－03－11) [2019－11－29]. https://www. eastasiaforum. org/2018/12/13/hard－times－ahead－for－a－politically－divided－timor－leste/.

DANISH K, BALOCH M A, MAHMOOD N, et al., 2019. Effect of natural resources, renewable energy and economic development on CO_2 emissions in BRICS countries [J/OL]. Science of the total environment, 678: 632－638 [2019－11－29]. https://doi.org/10. 1016/j.scitotenv.2019. 05. 028.

DANISH K, ZHANG B, WANG B, et al., 2017. Role of renewable energy and non－renewable energy consumption on EKC: evidence from Pakistan [J/OL]. Journal of cleaner production, 156: 855－864 [2018－12－07]. https://doi. org/10. 1016/j.jclepro.2017. 03. 203.

DESTEK M A, SARKODIE S A, 2019. Investigation of environmental Kuznets curve for ecological footprint: the role of energy and financial development [J/OL]. Science of the total environment, 650 (2): 2483－2489 [2019－03－11]. https://doi.org/10. 1016/j.scitotenv.2018. 10. 017.

DIETZ T, ROSA E A, 1994. Re－thinking the environmental impacts of population, affluence and technology [J]. Human ecology review, 1: 277－300.

DONG F, WANG Y, SU B, et al., 2019. The process of peak CO_2 emissions in developed economies: a perspective of industrialization and urbanization [J/OL]. Resources, conservation and recycling, 141: 61－75 [2019－03－11]. https://doi.org/10. 1016/J.RESCONREC.2018. 10. 010.

DONG K, HOCHMAN G, ZHANG Y, et al., 2018. CO_2 emissions, economic and population growth, and renewable energy: empirical evidence across regions [J/OL]. Energy economics, 75: 180－192 [2019－11－17]. https://doi.org/10. 1016/J.ENECO.2018. 08. 017.

DONG K R, HOCHMAN G, 2017. Do natural gas and renewable energy consumption lead to less CO_2 emission? Empirical evidence from a panel of BRICS countries [J/OL]. Energy, 141: 1466－1478 [2019－12－08]. https://doi. org/10. 1016/j.energy.2017. 11. 092.

DONG K, SUN R, HOCHMAN G, et al., 2018. Energy intensity and energy conservation potential in China: a regional comparison perspective [J/OL]. Energy, 155: 782-795 [2019-03-11]. https://doi.org/10.1016/j.energy.2018.05.053.

DONG K, SUN R, LI H, et al., 2018. Does natural gas consumption mitigate CO_2 emissions: testing the environmental Kuznets curve hypothesis for 14 Asia-Pacific countries [J/OL]. Renewable and sustainable energy reviews, 94 (6): 419-429 [2019-03-07]. https://doi.org/10.1016/j.rser.2018.06.026.

DOUKAS H, PAPADOPOULOU A, SAVVAKIS N, et al., 2012. Assessing energy sustainability of rural communities using Principal Component Analysis [J/OL]. Renewable and sustainable energy reviews, 16 (4): 1949-1957 [2019-01-13]. https://doi.org/10.1016/j.rser.2012.01.018.

DUAN F, JI Q, LIU B Y, et al., 2018. Energy investment risk assessment for nations along China's Belt & Road Initiative [J/OL]. Journal of cleaner production, 170: 535-547. https://doi.org/10.1016/j.jclepro.2017.09.152.

EAST R, 1993. Investment decisions and the theory of planned behaviour [J/OL]. Journal of economic psychology, 14 (2): 337-375 [2018-12-27]. https://doi.org/10.1016/0167-4870(93)90006-7.

EBERHARDT M, BOND S, 2009. Cross-section dependence in nonstationary panel models: a novel estimator [Z/OL]. MPRA (Munich Personal RePEc Archive) Paper No. 17870 [2018-04-25]. https://mpra.ub.uni-muenchen.de/17870/.

EBERHARDT M, TEAL F, 2010. Productivity analysis in global manufacturing production [Z] //Economics series working papers 515. Oxford: University of Oxford, Department of Economics.

EDIGER V, HOGÖR E, SÜRMELI A N, et al., 2007. Fossil fuel sustainability index: an application of resource management [J/OL]. Energy policy, 35 (5): 2969-2977 [2019-02-11]. https://doi.org/10.1016/j.enpol.2006.10.011.

EHNERT I, 2009. Sustainable human resource management: a conceptual and exploratory analysis from a paradox perspective [R]. Bremen: University of Bremen.

ELKINGTON J, 1998. Cannibals with forks: the triple bottom line of 21st century business [J]. Environmental quality management, 8 (1): 37-51.

ELLIOTT R J R, SUN P, ZHU T, 2017. The direct and indirect effect of urbanization on energy intensity: a province-level study for China [J/OL]. Energy, 123: 677-692 [2018-12-27]. https://doi.org/10.1016/j.energy.2017.01.143.

EMRAH Ö, NIHAT T, ALI H, 2014. Performance evaluation of Turkish Banks using Analytical Hierarchy Process and TOPSIS Methods [J]. Journal of international scientific publication: economy & business, 7: 470-503.

ENGLE R F, GRANGER C W J, 1987. Co-Integration and error correction: representation, estimation , and testing [J]. Econometrica, 55 (2): 251-276.

EROL I, SENCER S, ÖZMEN A, et al., 2014. Fuzzy MCDM framework for locating a nuclear power plant in Turkey [J/OL]. Energy policy, 67 (2014): 186-197 [2019-03-07]. https://doi.org/10. 1016/j.enpol.2013. 11. 056.

ERTUGRUL H M, CETIN M, SEKER F, et al., 2016. The impact of trade openness on global carbon dioxide emissions: evidence from the top ten emitters among developing countries [J/OL]. Ecological indicators, 67:543-555[2018-12-27]. https://doi.org/10. 1016/j.ecolind.2016. 03. 027.

FARHANI S, SHAHBAZ M, 2014. What role of renewable and non-renewable electricity consumption and output is needed to initially mitigate CO_2 emissions in MENA region? [J/OL]. Renewable and sustainable energy reviews, 40: 80-90 [2018-12-27]. https://doi.org/10. 1016/j.rser.2014. 07. 170.

FREUDENBERG M, 2003. Composite indicators of country performance: a critical assessment [EB/OL]. [2019-10-13]. https://doi.org/10. 1787/40556 67082 55.

GARCÍA-ÁLVAREZ M T, MORENO B, SOARES I, 2016. Analyzing the sustainable energy development in the EU-15 by an aggregated synthetic index [J/OL]. Ecological indicators, 60: 996-1007 [2019-04-12]. https://doi.org/10. 1016/j. ecolind.2015. 07. 006.

GAUTAM T K, PAUDEL K P, 2018. The demand for natural gas in the Northeastern United States [J/OL]. Energy, 158: 890-898 [2019-04-12]. https:// doi.org/10. 1016/j.energy.2018. 06. 092.

GIBARI S E, GÓMEZ T, RUIZ F, 2019. Building composite indicators using multicriteria methods: a review [J/OL]. Journal of business economics, 89(1):1-24 [2020-03-05].https://doi.org/10. 1007/s11573-018-0902-z.

GRECO S, ISHIZAKA A, TASIOU M, et al., 2019. On the methodological framework of composite indices: a review of the issues of weighting, aggregation, and robustness [J/OL]. Social indicators research, 141 (1): 61-94 [2020-03-05]. https://doi.org/10. 1007/s11205-017-1832-9.

GROSSMAN G M, KRUEGER A B, 1995. Economic growth and the environ-ment[J/OL]. The quarterly journal of economics, 110(2):353-377[2018-12-27]. https://doi.org/10. 2307/2118443.

GUL M, GUNERI A F, 2016. A fuzzy multi criteria risk assessment based on decision matrix technique: a case study for aluminum industry [J/OL]. Journal of loss prevention in the process industries, 40: 89-100 [2018-04-21]. https://doi. org/10. 1016/j.jlp.2015. 11. 023. This.

HAN J, MOL A P J, LU Y, et al., 2009. Onshore wind power development in China: challenges behind a successful story[J/OL]. Energy policy, 37(8):2941-2951[2018-12-27]. https://doi.org/10. 1016/j.enpol.2009. 03. 021.

HASSAN M, 2016. Urbanization and CO_2 emission in Bangladesh: the applica-tion of STIRPAT model [C] //3rd international integrative research conference on development, governance and transformation. Comilla: [s. n.].

HOEPNER A G F, NILSSON M, 2013. Environmental, social, and governance (ESG) data: can it enhance returns and reduce risks? [Z/OL]. Deutsche AWM Global Financial Institute [2018-04-25]. https://www. db. com/cr/en/docs/Whitepaper_ ESG_ 422. pdf.

HOSTETTLER S, GADGIL A, HAZBOUN E, 2015. Sustainable access to ener-gy in the Global South [EB/OL].[2020-11-17].https://doi.org/10. 1007/978-3-319-20209-9.

HSU A, EMERSON J, LEVY M, et al., 2014. The 2014 environmental per-formance index [Z]. New Haven, CT: Yale Center for Environmental Law & Policy.

HUANG Y, 2018. Environmental risks and opportunities for countries along the Belt and Road: location choice of China's investment [J/OL]. Journal of cleaner pro-duction, 211: 14-26 [2019-03-07]. https://doi. org/10. 1016/J. JCLEPRO. 2018. 11. 093.

HUANG Y, FISCHER T B, XU H, 2017. The stakeholder analysis for SEA of Chinese foreign direct investment: the case of 'One Belt, One Road' Initiative in Pa-kistan [J/OL]. Impact assessment and project appraisal, 35 (2): 158-171 [2018 -12-27]. https://doi.org/10. 1080/14615517. 2016. 1251698.

HURLEY J, MORRIS S, PORTELANCE G, 2018. Examining the debt implica-tions of the Belt and Road Initiative from a policy perspective[EB/OL].[2020-03-05]. www.cgdev.orgwww.cgdev.org.

HWANG C L, YOON K, 1981a. Multiple attribute decision making, methods and applications a state-of-the-art survey [EB/OL]. [2020-03-05]. https://doi.org/10. 1007/978-3-642-48318-9_3.

IEA, 2018. CO_2 emissions from fuel combustion 2018 highlights [EB/OL]. [2019-12-14]. www. iea. org/t&c/.

INGLESI-LOTZ R, DIEZ L, MORALES D C, et al., 2017. The effect of education on a country's energy consumption: evidence from developed and developing countries: No. 678 [EB/OL]. [2019-12-14]. https://econrsa.org/system/files/publications/working_papers/working_paper_678. pdf.

IREA, 2016. Renewable energy statistics 2016 [R]. ABU dhabi: International Renewable Energy Agency.

IRENA, 2018. Renewable capacity highlights renewable generation capacity by energy source [EB/OL]. [2019-12-11]. www. irena. org/publications.

IRENA, CPI, 2018. Global landscape of renewable energy finance [EB/OL]. [2019-12-11]. www. irena. org.

JASINSKI D, CINELLI M, DIAS L C, et al., 2018. Assessing supply risks for non-fossil mineral resources via multi-criteria decision analysis [J/OL]. Resources policy, 58 (2): 150-158 [2019-03-05]. https://doi.org/10. 1016/j.resourpol. 2018. 04. 011.

JIN L, DUAN K, SHI C, et al., 2017. The impact of technological progress in the energy sector on carbon emissions: an empirical analysis from China [J/OL]. International journal of environmental research and public health, 14 (12): 1-14 [2019-03-15]. https://doi.org/10. 3390/ijerph14121505.

JOHN M, 2017. Why does Indonesia cling to its plagued Chinese infrastructure projects? [EB/OL]. (2019-02-26) [2019-12-14]. https://www.scmp.com/week-asia/geopolitics/article/2053395/why-does-indonesia-cling-its-plagued-chinese-infrastructure.

JONES D F, MARDLE S J, 2004. A distance-metric methodology for the derivation of weights from a pairwise comparison matrix [J/OL]. Journal of the operational research society, 55 (8): 869-875 [2019-01-13]. https://doi.org/10. 1057/palgrave.jors.2601745.

JUREWICZ J, DZIEWIRSKA E, RADWAN M., et al., 2018. Air pollution from natural and anthropic sources and male fertility [J/OL]. Reproductive biology and endocrinology, 16 (1): 109 [2019 - 10 - 13]. https://doi.org/10.1186/s12958-018-0430-2.

KAIS S, SAMI H, 2016. An econometric study of the impact of economic growth and energy use on carbon emissions: panel data evidence from fifty eight countries [J/OL]. Renewable and sustainable energy reviews, 59: 1101-1110 [2019-10-13]. https://doi.org/10.1016/j.rser.2016.01.054.

KAISER F G, WÖLFING S, FUHRER U, 1999. Environmental attitude and ecological behaviour [J/OL]. Journal of environmental psychology, 19 (1): 1-19 [2019-10-13]. https://doi.org/10.1006/jevp.1998.0107.

KALAFATIS S P, POLLARD M, EAST R, et al., 2005. Green marketing and Ajzen's theory of planned behaviour: a cross-market examination [J]. Journal of consumer marketing, 107 (11): 808-822.

KANG L, PENG F, ZHU Y, et al., 2018. Harmony in diversity: can the One Belt One Road Initiative promote China's outward foreign direct investment? [J/OL]. Sustainability, 10 (9): 1-28 [2019-12-14]. https://ideas.repec.org/a/gam/jsusta/v10y2018i9p3264-d169449.html.

KAO C, 1999. Spurious regression and residual-based tests for cointegration in panel data [J/OL]. Journal of econometrics, 90 (1): 1-44 [2019-12-14]. https://doi.org/10.1016/S0304-4076(98)00023-2.

KAPETANIOS G, PESARAN M H, YAMAGATA T, 2011. Panels with non-stationary multifactor error structures [J/OL]. Journal of econometrics, 160 (2): 326-348 [2018-10-07]. https://doi.org/10.1016/J.JECONOM.2010.10.001.

KAUFMANN D, KRAAY A, MASTRUZZI M, 2011. The worldwide governance indicators: methodology and analytical issues [J]. Hague journal on the rule of jlaw, 3 (2): 220-246.

KEELEY A R, 2018. Foreign direct investment in renewable energy in developing countries [EB/OL]. [2019 - 10 - 13]. https://doi.org/https://doi.org/10.14989/doctor.k21232.

KHAN A, CHENGGANG Y, HUSSAIN J, et al., 2019. Does energy consumption, financial development, and investment contribute to ecological footprints in BRI regions? Environmental science and pollution research [EB/OL]. [2019-10-13]. https://doi.org/10.1007/s11356-019-06772-w.

KHAN M M, ZAMAN K, IRFAN D, et al., 2016. Triangular relationship among energy consumption, air pollution and water resources in Pakistan [J/OL]. Journal of cleaner production, 112: 1375-1385 [2018-10-07]. https://doi.org/10. 1016/j.jclepro.2015. 01. 094.

KHAN S A R, ZAMAN K, ZHANG Y, 2016. The relationship between energy-resource depletion, climate change, health resources and the environmental Kuznets curve: evidence from the panel of selected developed countries [J/OL]. Renewable and sustainable energy reviews, 62: 468-477 [2018-10-07]. https://doi. org/10. 1016/j.rser.2016. 04. 061.

KIM J, PARK K, 2016. Financial development and deployment of renewable energy technologies [J/OL]. Energy economics, 59: 238-250 [2019-01-13]. https://doi.org/https://doi.org/10. 1016/j.eneco.2016. 08. 012.

KOFI A P, BEKOE W, AMUAKWA-MENSAH F, et al., 2012. Carbon dioxide emissions, economic growth, industrial structure, and technical efficiency: empirical evidence from Ghana, Senegal, and Morocco on the causal dynamics [J/OL]. Energy, 47 (1): 314-325 [2019-01-27]. https://doi.org/10. 1016/j.energy. 2012. 09. 025.

KOLSTAD I, WIIG A, 2012. What determines Chinese outward FDI? [J/OL]. Journal of world business, 47 (1): 26-34 [2018-10-07]. https://doi.org/10. 1016/J.JWB.2010. 10. 017.

KWAKWA P A, ALHASSAN H, ADU G, 2018. Effect of natural resources extraction on energy consumption and carbon dioxide emission in Ghana [EB/OL]. [2019-12-11]. https://ideas.repec.org/p/pra/mprapa/85401. html.

LANDIER A, NAIR V B, 2009. Investing for change profit from responsible investment [M]. Oxford, UK: Oxford University Press.

LEE C W, ZHONG J, 2015. Construction of a responsible investment composite index for renewable energy industry [J/OL]. Renewable and sustainable energy reviews, 51: 288 - 303 [2018 - 10 - 07]. https://doi. org/10. 1016/j. rser. 2015. 05. 071.

LEE H C, CHANG C T, 2018. Comparative analysis of MCDM methods for ranking renewable energy sources in Taiwan [J/OL]. Renewable and sustainable energy reviews, 92 (4): 883-896 [2019-03-07]. https://doi.org/10. 1016/j.rser. 2018. 05. 007.

LEE Y J, HUANG C M, 2007. Sustainability index for Taipei [J/OL]. Environmental impact assessment review, 27 (6): 505-521 [2019-03-07]. https://doi.org/10. 1016/j.eiar.2006. 12. 005.

LI K, LIN B, 2015. Impacts of urbanization and industrialization on energy consumption/CO_2 emissions: does the level of development matter? [J/OL]. Renewable and sustainable energy reviews, 52: 1107-1122 [2019-01-13]. https://doi.org/10. 1016/j.rser.2015. 07. 185.

LI X, WANG K, LIUZ L, et al., 2011. Application of the entropy weight and TOPSIS method in safety evaluation of coal mines [J/OL]. Procedia engineering, 26: 2085 – 2091 [2019 – 11 – 23]. https://doi. org/10. 1016/j. proeng. 2011. 11. 2410.

LI Z, SHAO S, SHI X, et al., 2019. Structural transformation of manufacturing, natural resource dependence, and carbon emissions reduction: evidence of a threshold effect from China [J/OL]. Journal of cleaner production, 206: 920-927 [2019-12-11]. https://doi.org/10. 1016/j.jclepro.2018. 09. 241.

LIMA J F R, OSIRO L, CARPINETTI L C R, 2014. A comparison between Fuzzy AHP and Fuzzy TOPSIS methods to supplier selection [J/OL]. Applied soft computing, 21: 194 – 209 [2019 – 03 – 07]. https://doi. org/10. 1016/j. asoc. 2014. 03. 014.

LIU H, FAN X, 2017. Value – added – based accounting of CO_2 emissions: a multi-regional input-output approach [EB/OL]. [2019-01-27]. https://doi.org/10. 3390/su9122220.

LIU L, CHEN T, YIN Y, 2016. Energy consumption and quality of life: energy efficiency index [J/OL]. Energy procedia, 88: 224-229 [2019-01-27]. https://doi.org/10. 1016/j.egypro.2016. 06. 152.

LOCATELLI G, INVERNIZZI D C, MANCINI M, 2016. Investment and risk appraisal in energy storage systems: a real options approach [J/OL]. Energy, 104: 114-131 [2019-12-14]. https://doi.org/10. 1016/j.energy.2016. 03. 098.

LONG S, GENG S, 2015. Decision framework of photovoltaic module selection under interval – valued intuitionistic fuzzy environment [J/OL]. Energy conversion and management, 106: 1242-1250 [2018-12-27]. https://doi. org/10. 1016/j. enconman.2015. 10. 037.

LÜLFS R, HAHN R, 2014. Sustainable behavior in the business sphere: a comprehensive overview of the explanatory power of psychological models [J/OL].

Organization and environment, 27 (1): 43-64 [2019-03-07]. https://doi.org/10. 1177/1086026614522631.

MA M, PAN T, MA Z, 2017. Examining the driving factors of Chinese commercial building energy consumption from 2000 to 2015: a STIRPAT Model approach [J/OL]. Journal of engineering science and technology review, 10 (3): 28-34 [2018-12-27]. https://doi.org/10. 25103/jestr.103. 05.

MADRIGAL M, STOFT S, 2012. Transmission expansion for renewable energy scale-up: emerging lessons and recommendations [EB/OL]. [2019-10-13]. https://doi.org/https://doi.org/10. 1596/978-0-8213-9598-1.

MALEKMOHAMMADI B, RAHIMI B L, 2014. Ecological risk assessment of wetland ecosystems using multi criteria decision making and geographic information system [J/OL]. Ecological indicators, 41: 133-144 [2019-03-07]. https://doi.org/10. 1016/j.ecolind.2014. 01. 038.

MANZOOR T, ASEEV S, ROVENSKAYA E, et al., 2014. Optimal control for sustainable consumption of natural resources [J/OL]. IFAC Proceedings volumes (IFAC-PapersOnline), 19: 10725-10730 [2018-12-27]. https://doi.org/10. 3182/20140824-6-za-1003. 01474.

MAO N, SONG M, DENG S, 2016. Application of TOPSIS method in evaluating the effects of supply vane angle of a task/ambient air conditioning system on energy utilization and thermal comfort [J/OL]. Applied energy, 180: 536-545 [2018-10-07]. https://doi.org/10. 1016/j.apenergy.2016. 08. 011.

MARTCHAMADOL J, KUMAR S, 2014. The Aggregated Energy Security Performance Indicator (AESPI) at national and provincial level [J/OL]. Applied energy, 127: 219-238 [2019-10-13]. https://doi.org/10. 1016/j. apenergy. 2014. 04. 045.

MARTÍ-BALLESTER C P, 2015. Can socially responsible investment for cleaner production improve the financial performance of Spanish pension plans? [J/OL]. Journal of cleaner production, 106: 466-477 [2019-03-07]. https://doi.org/10. 1016/j.jclepro.2014. 06. 058.

MARTTUNEN M, LIENERT J, BELTON V, 2017. Structuring problems for Multi-Criteria Decision Analysis in practice: a literature review of method combinations [J/OL]. European journal of operational research, 263 (1): 1-17 [2019-03-07]. https://doi.org/10. 1016/j.ejor.2017. 04. 041.

MAZZIOTTA M, PARETO A, 2013. Methods for constructing composite indices: one for all or all for one? [J/OL]. Italian review of economics, demography and statistics, 67 (2): 67-80 [2019-04-12]. Retrieved from https://ideas.repec.org/a/ite/iteeco/130210.html.

MCCLURE C J W, WESTRIP J R S, JOHNSON J A, et al., 2018. State of the world's raptors: distributions, threats, and conservation recommendations [J/OL]. Biological conservation, 227: 390-402 [2019-10-13]. https://doi.org/10.1016/J.BIOCON.2018.08.012.

MCGEE J A, YORK R, 2018. Asymmetric relationship of urbanization and CO_2 emissions in less developed countries [J/OL]. Plos one, 13 (12): 1-12 [2019-03-07]. https://doi.org/10.1371/journal.pone.0208388.

MIAO L, 2016. One Belt, One Road: risks and countermeasures for Chinese companies [EB/OL]. (2019-02-27) [2020-03-05]. https://www.brinknews.com/one-belt-one-road-risks-and-countermeasures-for-chinese-companies/.

MOFCOM, 2018. MOFCOM Department of outward investment and economic cooperation comments on China's outward investment and cooperation [EB/OL]. (208-12-02) [2019-10-13]. http://english.mofcom.gov.cn/article/newsrelease/policyreleasing/201812/20181202819395.shtml.

MOLLET J C, ZIEGLER A, 2014. Socially responsible investing and stock performance: new empirical evidence for the US and European stock markets [J/OL]. Review of financial economics, 23 (4): 208-216 [2018-12-27]. https://doi.org/10.1016/j.rfe.2014.08.003.

MONTES G C, BASTOS J C A, DE OLIVEIRA A J, 2019. Fiscal transparency, government effectiveness and government spending efficiency: some international evidence based on panel data approach [J/OL]. Economic modelling, 79: 211-225 [2019-12-11]. https://doi.org/10.1016/j.econmod.2018.10.013.

MOORE F C, DIAZ D B, 2015. Temperature impacts on economic growth warrant stringent mitigation policy [J/OL]. Nature climate change, 5 (2): 127-131 [2018-12-27]. https://doi.org/10.1038/nclimate2481.

MUDAKKAR S R, ZAMAN K, KHAN M M, et al., 2013. Energy for economic growth, industrialization, environment and natural resources: living with just enough [J/OL]. Renewable and sustainable energy reviews, 25: 580-595 [2018-12-27]. https://doi.org/10.1016/j.rser.2013.05.024.

MUHAMMAD B, 2019. Energy consumption, CO_2 emissions and economic growth in developed, emerging and Middle East and North Africa countries [J/OL]. Energy, 1797: 232-245 [2020-03-05]. https://doi.org/10.1016/j.energy.2019.03.126.

MUNDA G, NARDO M, 2009. Noncompensatory/nonlinear composite indicators for ranking countries: a defensible setting [J/OL]. Applied economics, 41 (12): 1513-1523 [2019-01-27]. https://doi.org/10.1080/00036840601019 364.

NARDO M, SAISANA M, 2008. OECD/JRC Handbook on constructing composite indicators: putting theory into practice [EB/OL]. [2019-03-07]. http://timss.bc.edu/.

NARDO M, SAISANA M, SALTELLI A, et al., 2008. Handbook on constructing composite indicators: methodology and user guide [Z]. Paris: OECD.

NATHANIEL S P, IHEONU C O, 2019. Carbon dioxide abatement in Africa: The role of renewable and non-renewable energy consumption [J/OL]. Science of the total environment, 679: 337-345 [2019-12-14]. https://doi.org/10.1016/j.scitotenv.2019.05.011.

NDRC, 2015. Vision and actions on jointly Building Silk Road Economic Belt and 21st-Century Maritime Silk Road [EB/OL]. [2019-03-07]. http://en.ndrc.gov.cn/newsrelease/201503/t20150330_669367.html.

NIEMEIJER D, DEGROOT R S, 2008. A conceptual framework for selecting environmental indicator sets [J/OL]. Ecological indicators, 8 (1): 14-25 [2019-03-07]. https://doi.org/10.1016/j.ecolind.2006.11.012.

NOFSINGER J, VARMA A, 2014. Socially responsible funds and market crises [J/OL]. Journal of banking and finance, 48: 180-193 [2019-03-07]. https://doi.org/10.1016/j.jbankfin.2013.12.016.

OECD, 2008. Handbook on constructing composite indicators, methodology and user guide, organisation for economic co-operation and development [EB/OL]. [2019-01-27]. https://www.oecd.org/sdd/42495745.pdf.

ONDER E, DAG S, 2013. Combining analytical hierarchy process and TOPSIS approaches for supplier selection in a cable company [J/OL]. Journal of business, economics & finance, 2 (2): 56-74 [2019-07-13]. http://dergipark.gov.tr/download/article-file/374596.

ORTAS E, BURRITT R L, MONEVA J M, 2013. Socially responsible invest-ment and cleaner production in the Asia Pacific: does it pay to be good? [J]. Jour-nal of cleaner production, 52: 1-9.

ORTAS E, MONEVA J M, SALVADOR M, 2012. Does socially responsible in-vestment equity indexes in emerging markets pay off? Evidence from Brazil [J/OL]. Emerging markets review, 13 (4): 581-597 [2019-03-07]. https://doi.org/10. 1016/j.ememar.2012. 09. 004.

OUEDRAOGO N S, 2013. Energy consumption and economic growth: evidence from the economic community of West African States (ECOWAS) [J/OL]. Energy economics, 36: 637 - 647 [2019 - 10 - 13]. https://doi. org/10. 1016/j. eneco. 2012. 11. 011.

OWUSU P A, ASUMADU-SARKODIE S, 2016. A review of renewable energy sources, sustainability issues and climate change mitigation [J/OL]. Cogent engi-neering, 3 (1): 1-14. https://doi.org/10. 1080/23311916. 2016. 1167990.

PALIT D, BANDYOPADHYAY K R, 2016. Rural electricity access in South A-sia: is grid extension the remedy? A critical review [J/OL]. Renewable and sustain-able energy reviews, 60: 1505-1515 [2019-01-25]. https://doi.org/10. 1016/j. rser.2016. 03. 034.

PAO H T, TSAI C M, 2011. Modeling and forecasting the CO_2 emissions, ener-gy consumption, and economic growth in Brazil [J/OL]. Energy, 36 (5): 2450-2458 [2019-03-07]. https://doi.org/10. 1016/j.energy.2011. 01. 032.

PARAD M, HENNINGSSON S A C T, RICHARD Y, 2014. The global clean-tech innovation index 2014. [EB/OL]. [2019-07-13]. https://wwf. fi/media-bank/6751. pdf.

PARUOLO P, SAISANA M, SALTELLI A, 2013. Ratings and rankings: voo-doo or science? [J/OL]. Journal of the royal statistical society, series A: statistics in society, 176 (3): 609-634 [2019-01-27]. https://doi.org/10. 1111/j. 1467-985X.2012. 01059. x.

PATA U K, 2018. The influence of coal and noncarbohydrate energy consump-tion on CO_2 emissions: revisiting the environmental Kuznets curve hypothesis for Tur-key [J/OL]. Energy, 160: 1115 - 1123 [2019 - 01 - 27]. https://doi. org/10. 1016/j.energy.2018. 07. 095.

PEDRONI P, 2001. Purchasing power parity tests in cointegrated panels [J].

Review of economics and statistics, 83 (4): 727-731.

PEDRONI P, 2004. Panel cointegration: asymptotic and finite sample properties of pooled time series tests with an application to the PPP hypothesis [J/OL]. Econometric theory, 20 (3): 597 – 625 [2018 – 10 – 07]. https://doi. org/10. 1017/S0266466604203073.

PESARAN M, 2004. General diagnostic tests for cross section dependence in panels [Z]. Cawbridge: Cambridge Working Papers in Economics.

PESARAN M H, 2007. A simple panel unit root test in the presence of cross – section dependence [J/OL]. Journal of applied econometrics, 22 (2): 265 – 312 [2019-03-07]. https://doi.org/10. 1002/jae.951.

PESARAN M H, 2006. Estimation and inference in large heterogeneous panels with a multifactor error structure [J/OL]. Econometrica, 74 (4): 967 – 1012 [2019-03-07]. https://doi.org/10. 1111/j.1468-0262. 2006. 00692. x.

PESARAN M H, SHIN Y, SMITH R P, 1999. Pooled mean group estimation of dynamic heterogeneous panels [J/OL]. Journal of the American Statistical Association, 94 (446): 621 – 634 [2019 – 03 – 07]. https://doi. org/10. 1080/016214 59. 1999. 10474156.

PHAM T P T, KAUSHIK R, PARSHETTI G K, et al., 2015. Food waste-to-energy conversion technologies: current status and future directions [EB/OL]. [2019-07-13]. https://doi.org/10. 1016/j.wasman.2014. 12. 004.

POUMANYVONG P, KANEKO S, 2010. Does urbanization lead to less energy use and lower CO_2 emissions? A cross-country analysis [J/OL]. Ecological economics, 70 (2): 434 – 444 [2019 – 10 – 13]. https://doi. org/10. 1016/j. ecolecon. 2010. 09. 029.

RAHMAN Z U, KHATTAK S I, AHMAD M, et al., 2020. A disaggregated-level analysis of the relationship among energy production, energy consumption and economic growth: evidence from China. [EB/OL]. [2020-06-27]. https://doi.org/doi.org/10. 1016/j.energy.2019. 116836.

RAMAYAH T, LEE J W C, LIM S, 2012. Sustaining the environment through recycling: an empirical study [J/OL]. Journal of environmental management, 102: 141-147 [2019-01-27]. https://doi.org/10. 1016/j.jenvman.2012. 02. 025.

RASUL G, 2016. Managing the food, water, and energy nexus for achieving the sustainable development goals in South Asia [J/OL]. Environmental development,

18: 14-25 [2018-10-07]. https://doi.org/10. 1016/j.envdev.2015. 12. 001.

RAUF A, LIU X, AMIN W, et al., 2018. Energy and ecological sustainability: challenges and panoramas in belt and road initiative countries [J/OL]. Sustainability (Switzerland), 10 (8): 1 – 21 [2019 – 11 – 23]. https://doi. org/10. 3390/ su10082743.

RAUPACH M R, MARLAND G, CIAIS P, et al., 2007. Global and regional drivers of accelerating CO_2 emissions [J/OL]. Proceedings of the National Academy of Sciences of the United States of America, 104 (24): 10288-10293 [2019-03-07]. https://doi.org/10. 1073/pnas.0700609104.

RICHARDSON B J, 2013. Socially responsible investing for sustainability: o-vercoming its incomplete and conflicting rationales [J]. Transnational environmental law, 2 (2): 311-338.

ROMEIRO A R, 2012. Sustainable development: an ecological economics per-spective [J/OL]. Estudos avancados, 26 (74): 65-92 [2019-03-07]. https:// doi.org/10. 1590/S0103-40142012000100006.

ROSTAMZADEH R, GHORABAEE M K, GOVINDAN K, et al., 2018. Evaluation of sustainable supply chain risk management using an integrated fuzz-y TOPSIS- CRITIC approach [J/OL]. Journal of cleaner production, 175: 651 – 669 [2018-12-29]. https://doi.org/10. 1016/j.jclepro.2017. 12. 071.

SABOORI B, SULAIMAN J, 2013. CO_2 emissions , energy consumption and e-conomic growth in Association of Southeast Asian Nations (ASEAN) countries: a cointegration approach [J/OL]. Energy, 55: 813-822 [2019-10-13]. https:// doi.org/10. 1016/j.energy.2013. 04. 038.

SAFARI H, FARAJI Z, MAJIDIAN S, 2016. Identifying and evaluating enter-prise architecture risks using FMEA and fuzzy VIKOR [J/OL]. Journal of intelligent manufacturing, 27 (2): 475 – 486 [2019 – 01 – 13]. https://doi. org/10. 1007/ s10845-014-0880-0.

SAHIN E S, BAYRAM I S, KOC M, 2019. Demand side management opportu-nities, framework, and implications for sustainable development in resource – rich countries: case study Qatar [J/OL]. Journal of cleaner production, 241: 118332 [2019-07-13]. https://doi.org/10. 1016/j.jclepro.2019. 118332.

SALAHUDDIN M, ALAM K, OZTURK I, et al., 2018. The effects of electrici-ty consumption, economic growth, financial development and foreign direct investment on CO_2 emissions in Kuwait [J/OL]. Renewable and sustainable energy reviews, 81: 2002-2010 [2019-07-13]. https://doi.org/10. 1016/J.RSER.2017. 06. 009.

SALAHUDDIN M, GOW J, 2014. Economic growth, energy consumption and CO_2 emissions in Gulf Cooperation Council countries [J/OL]. Energy, 73: 44-58 [2019-07-13]. https://doi.org/10. 1016/j.energy.2014. 05. 054.

SALIM R, RAFIQ S, SHAFIEI S, et al., 2019. Does urbanization increase pollutant emission and energy intensity? Evidence from some Asian developing economies [J/OL]. Applied economics, 51 (36): 4008-4024 [2019-07-13]. https://doi. org/10. 1080/00036846. 2019. 1588947.

SÁNCHEZ-MONEDERO J, CAMPOY-MUÑOZ P, GUTIÉRREZ P A, et al., 2014. A guided data projection technique for classification of sovereign ratings: the case of European Union 27 [J/OL]. Applied soft computing, 22: 339-350 [2019-08-19]. https://doi.org/10. 1016/J.ASOC.2014. 05. 008.

SARKODIE S A, STREZOV V, 2019. Effect of foreign direct investments, economic development and energy consumption on greenhouse gas emissions in developing countries [J/OL]. Science of the total environment, 646: 862-871 [2019-02-05]. https://doi.org/10. 1016/j.scitotenv.2018. 07. 365.

SHAFIEI S, SALIM R A, 2014. Non-renewable and renewable energy consumption and CO_2 emissions in OECD countries: a comparative analysis [J/OL]. Energy policy, 66: 547-556 [2019-01-27]. https://doi. org/10. 1016/j. enpol. 2013. 10. 064.

SHAH S A A, ZHOU P, WALASAI G D, et al., 2019. Energy security and environmental sustainability index of South Asian countries: a composite index approach [J/OL]. Ecological indicators, 106 (66): 195597 [2019-01-24]. https://doi. org/10. 1016/j.ecolind.2019. 105507.

SHAHBAZ M, HYE Q M A, TIWARI A K, et al., 2013. Economic growth, energy consumption, financial development, international trade and CO_2 emissions in Indonesia [J/OL]. Renewable and sustainable energy reviews, 25: 109-121 [2019-07-07]. https://doi.org/10. 1016/j.rser.2013. 04. 009.

SHAHBAZ M, NAEEM M, AHAD M, et al., 2018. Is natural resource abundance a stimulus for financial development in the USA? [J/OL]. Resources policy, 55: 223-232 [2019-07-13]. https://doi.org/10. 1016/j.resourpol.2017. 12. 006.

SHAHBAZ M, SHAHZAD S J H, MAHALIK M K, et al., 2018. How strong is

the causal relationship between globalization and energy consumption in developed e-
conomies? A country-specific time-series and panel analysis [J/OL]. Applied eco-
nomics, 50 (13): 1479 - 1494 [2019 - 02 - 05]. https://doi. org/10. 1080/
00036846. 2017. 1366640.

SHAMMRE A A, 2017. Enviro nmental impact of economic variables: carbon e-
mission case study [EB/OL].   [2019 - 12 - 11]. http://www. aabri. com/
SA2018Proceedings/SA18059. pdf.

SHARMA L N, VETAAS O R, 2015. Does agroforestry conserve trees? A com-
parison of tree species diversity between farmland and forest in mid-hills of central
Himalaya [EB/OL]. [2019-12-14]. https://doi.org/10. 1007/s10531-015-0927
-3.

SHARMA S S, 2011. Determinants of carbon dioxide emissions: empirical evi-
dence from 69 countries [J/OL]. Applied energy, 88 (1): 376-382 [2019-12-
14]. https://doi.org/10. 1016/j.apenergy.2010. 07. 022.

SHEMSHADI A, SHIRAZI H, TOREIHI M, et al., 2011. A fuzzy VIKOR
method for supplier selection based on entropy measure for objective weighting [J/
OL]. Expert systems with applications, 38 (10): 12160-12167 [2019-01-26].
https://doi.org/10. 1016/j.eswa.2011. 03. 027.

SHEN F, MA X, LI Z, et al., 2018. An extended intuitionistic fuzzy TOPSIS
method based on a new distance measure with an application to credit risk evaluation
[J/OL]. Information sciences, 428: 105 - 119 [2019-02-05]. https://doi. org/
10. 1016/j.ins.2017. 10. 045.

SHENG J, 2018. Analyzing the risks of China's "One Belt, One Road" Initiative
conference report, the 8th international NASD conference on economic and legal chal-
lenges [EB/OL]. (2018-01-14) [2019-02-05]. http://law.nus.edu.sg/cbfl/.

SHIH H S S, SHYUR H J J, LEE E S, 2007. An extension of TOPSIS for group
decision making [J/OL]. Mathematical and computer modelling, 45 (7-8): 801-
813 [2018-10-07]. https://doi.org/10. 1016/j.mcm.2006. 03. 023.

STEPHAN P, 2012. How economics shapes science [M]. Cambridge, MA:
Harvard University Press.

STIVERS R L, 1976. The sustainable society: ethics and economic growth
[M]. Philadelphia: Westminster Press.

SULTANA S, ZULKIFLI N, ZAINAL D, 2018. Environmental, social and governance (ESG) and investment decision in Bangladesh [J/OL]. Sustainability (Switzerland), 10 (6): 1 – 19 [2019 – 07 – 14]. https://doi. org/10. 3390/ su10061831.

TALAN G, SHARMA G D, 2019. Doing well by doing good: a systematic review and research agenda for sustainable investment [EB/OL]. [2019–01–27]. https://doi.org/10. 3390/su11020353.

The Frankfurt School–UNEP Centre for Climate and Sustainable Energy Finance, 2019. Global trends in renewable energy investment 2019 [R]. Paris: [s. n.].

TIAN D, YANG B, CHEN J, et al., 2018. A multi–experts and multi–criteria risk assessment model for safety risks in oil and gas industry integrating risk attitudes [J/OL]. Knowledge–based systems, 156: 62–73 [2019–03–05]. https://doi.org/ 10. 1016/j.knosys.2018. 05. 018.

TRACY E F, SHVARTS E, SIMONOV E, et al., 2017. China's new Eurasian ambitions: the environmental risks of the Silk Road Economic Belt [J/OL]. Eurasian geography and economics, 58 (1): 56 – 88 [2019 – 01 – 26]. https://doi. org/ 10. 1080/15387216. 2017. 1295876.

UMBACH F, 2019. China's belt and road initiative and its energy–security dimensions: No. 320 [EB/OL]. [2019–03–05]. www. rsis. edu. sg/? p=48639.

UNESCO Institute for Statistics, 2018. How much does your country invest in R&D? [Z/OL]. [2019–04–21]. http: //uis. unesco. org/apps/visualisations/ research–and– development– spending/.

UN IRP, 2019. Global resources outlook 2019: natural resources for the future we want [R]. Nairobi: United Nations Environment Programme.

WAHEED R, CHANG D, SARWAR S, et al., 2018. Forest, agriculture, renewable energy, and CO_2 emission [J/OL]. Journal of cleaner production, 172: 4231–4238 [2019–07–13]. https://doi.org/10. 1016/J.JCLEPRO.2017. 10. 287.

WANG E, 2015. Benchmarking whole–building energy performance with multi–criteria technique for order preference by similarity to ideal solution using a selective objective–weighting approach [J/OL]. Applied energy, 146: 92–103 [2018–12–29]. https://doi.org/10. 1016/j.apenergy.2015. 02. 048.

WANG E, ALP N, SHI J, et al., 2017. Multi–criteria building energy performance benchmarking through variable clustering based compromise TOPSIS with objective entropy weighting [J/OL]. Energy, 125: 197–210 [2019–02–05]. https://

doi.org/10. 1016/j.energy.2017. 02. 131.

WANG J J, JING Y Y, ZHANG C F, 2009. Weighting methodologies in multi-criteria evaluations of combined heat and power systems [J/OL]. International journal of energy research, 33 (12): 1023 – 1039 [2019 – 01 – 27]. https://doi. org/10. 1002/er.1527.

WANG J J, JING Y Y, ZHANG C F, et al., 2009. Review on multi-criteria decision analysis aid in sustainable energy decision-making [J/OL]. Renewable and sustainable energy reviews, 13 (9): 2263-2278 [2019-02-05]. https://doi.org/10. 1016/j.rser.2009. 06. 021.

WANG L, PENG J J, WANG J, 2018. A multi – criteria decision – making framework for risk ranking of energy performance contracting project under picture fuzzy environment [J/OL]. Journal of cleaner production, 191: 105 – 118 [2019 – 02 – 11]. https://doi.org/10. 1016/j.jclepro.2018. 04. 169.

WANG Y, DU J, WANG K, 2015. The determinants of location choices of China's ODI: institutions, taxation and resources [J/OL]. Frontiers of economics in China, 10 (3): 540-565 [2019-03-07]. https://doi.org/10. 3868/s060-004-015-0024-6.

WARREN B, 2015. Renewable energy country attractiveness index (RECAI) [EB/OL]. (2019-11-21) [2020-06-27]. https://www.ey.com/en_uk/power-utilities/renewable-energy-country-attractiveness-index.

WDI, 2019. Electricity production from oil, gas and coal sources (% of total) [EB/OL]. [2019-01-26]. https://data.worldbank.org/indicator/eg.elc.fosl.zs.

WESTERLUND J, 2007. Testing for error correction in panel data [J/OL]. Oxford bulletin of economics and statistics, 69 (6): 709-748 [2019-01-26]. https://doi.org/10. 1111/j.1468-0084. 2007. 00477. x.

World Energy Outlook, 2017. Global energy demand to increase by 30% by 2040 [EB/OL]. [2019 – 07 – 13]. https://sputniknews. com/business/2017111410 59080260-global-energy-demand-report/.

WU Y, SONG Z, LI L, et al., 2018. Risk management of public-private partnership charging infrastructure projects in China based on a three-dimension framework [J/OL]. Energy, 165 (2018): 1089 – 1101 [2019 – 07 – 13]. https://doi.org/10. 1016/j.energy.2018. 09. 092.

WU YUNNA, XU C, ZHANG T, 2018. Evaluation of renewable power sources

using a fuzzy MCDM based on cumulative prospect theory: a case in China [J/OL].
Energy, 147: 1227 – 1239 [2019 – 07 – 13]. https://doi. org/10. 1016/j. energy.
2018. 01. 115.

WU Y, SHEN J, ZHANG X, et al., 2017. The impact of urbanization on car-
bon emissions in developing countries: a Chinese study based on the U–Kaya method
[J/OL]. Journal of cleaner production, 163: S284–S298 [2019–08–19]. https://
doi.org/10. 1016/j.jclepro.2017. 05. 144.

XU Q, CHUNG W, 2018. Risk assessment of China's Belt and Road Initiative's
sustainable investing: a data envelopment analysis approach [J/OL]. Economic and
political studies, 6 (3): 319 – 337 [2019 – 03 – 07]. https://doi. org/10. 1080/
20954816. 2018. 1498991.

YANG L, XIA H, ZHANG X, et al., 2018. What matters for carbon emissions
in regional sectors? A China study of extended STIRPAT model [J/OL]. Journal of
cleaner production, 180: 595 – 602 [2019 – 10 – 13]. https://doi. org/10. 1016/j.
jclepro.2018. 01. 116.

YASMEEN R, LI Y, HAFEEZ M, et al., 2018. The trade–environment nexus
in light of governance: a global potential [J/OL]. Environmental science and pollu-
tion research, 25 (34): 34360–34379 [2019–10–13]. https://doi.org/10. 1007/
s11356–018–3390–3.

YOON K, 1980. Systems selection by multiple attributes decision making [D].
Manhattan: Kansas State University.

YOUNG D M, 1992. Sustainable investment and resource use: equity, environ-
mental integrity and economic efficiency [M]. Paris: Unesco and the Parthenon
Publishing Group.

YUAN J, ZENG Y, GUO X, et al., 2018. Electric power investment risk as-
sessment for belt and road initiative nations [J/OL]. Sustainability (Switzerland),
10 (9): 1–21 [2019–03–07]. https://doi.org/10. 3390/su10093119.

YUAN M, 2018. Belt and Road Initiative: connecting the economic dots [EB/
OL]. (2019–02–25) [2019–12–14]. https://www.eastwestbank.com/ReachFur-
ther/News/Article/Belt–and–Road–Initiative–Connecting–the–Economic–Dots.

ZEB R, SALAR L, AWAN U, et al., 2014. Causal links between renewable
energy, environmental degradation and economic growth in selected SAARC countries:
Progress towards green economy[J/OL]. Renewable energy,71:123–132[2019–07–

14]. https://doi.org/10. 1016/j.renene.2014. 05. 012.

ZHAN D, KWAN M P, ZHANG W, et al., 2018. The driving factors of air quality index in China [J/OL]. Journal of cleaner production, 197: 1342 – 1351 [2019–07–13]. https://doi.org/10. 1016/j.jclepro.2018. 06. 108.

ZHANG C, LIN Y, 2012. Panel estimation for urbanization, energy consumption and CO_2 emissions: a regional analysis in China [J/OL]. Energy policy, 49: 488–498 [2019–01–27]. https://doi.org/10. 1016/j.enpol.2012. 06. 048.

ZHANG H Y, WANG J, LI L, et al., 2017. Picture fuzzy normalized projection-based VIKOR method for the risk evaluation of construction project [J]. Applied soft computing, 64 (1): 216–226.

ZHANG H, GU C L, GU L W, et al., 2011. The evaluation of tourism destination competitiveness by TOPSIS & information entropy: a case in the Yangtze River Delta of China [J/OL]. Tourism management, 32 (2): 443–451 [2019–02–15]. https://doi.org/10. 1016/j.tourman.2010. 02. 007.

ZHANG R, ANDAM F, SHI G, 2017. Environmental and social risk evaluation of overseas investment under the China–Pakistan economic corridor [J/OL]. Environmental monitoring and assessment, 189 (6): 253 [2019–08–19]. https://doi. org/10. 1007/s10661–017–5967–6.

ZHANG R, SHI G, WANG Y, et al., 2018. Social impact assessment of investment activities in the China–Pakistan economic corridor [J/OL]. Impact assessment and project appraisal, 36 (4): 331 – 347 [2019 – 07 – 14]. https://doi. org/ 10. 1080/14615517. 2018. 1465227.

ZHANG X, 2017. Chinese capitalism and the Maritime Silk Road: a world–systems perspective [J/OL]. Geopolitics, 22 (2): 310 – 331 [2019 – 07 – 13]. https://doi.org/10. 1080/14650045. 2017. 1289371.

ZHAO H, ZHAO H, GUO S, 2017. Evaluating the comprehensive benefit of eco–industrial parks by employing multi–criteria decision making approach for circular economy [J/OL]. Journal of cleaner production, 142: 2262–2276 [2019–08–05]. https://doi.org/10. 1016/j.jclepro.2016. 11. 041.

ZHOU F, WANG X, LIM M K, et al., 2018. Sustainable recycling partner selection using fuzzy DEMATEL–AEW–FVIKOR: a case study in small–and–medium enterprises (SMEs) [J/OL].Journal of cleaner production, 196:489–504[2019–01 –27].https://doi.org/10. 1016/j.jclepro.2018. 05. 247.

ZHOU P, ANG B W, 2009. Comparing MCDA aggregation methods in construc-
ting composite indicators using the Shannon−Spearman measure [J/OL]. Social indi-
cators research, 94 (1): 83−96 [2019−02−05]. https://doi. org/10. 1007/
s11205−008−9338−0.

ZHOU P, ANG B W, ZHOU D Q, 2010. Weighting and aggregation in compos-
ite indicator construction: a multiplicative optimization approach [J/OL]. Social in-
dicators research, 96 (1): 169−181 [2019−02−05]. https://doi. org/10. 1007/
s11205−009−9472−3.

ZHU H, DUAN L, GUO Y, et al., 2016. The effects of FDI, economic growth
and energy consumption on carbon emissions in ASEAN−5: evidence from panel
quantile regression [J/OL]. Economic modelling, 58: 237−248 [2019−07−14].
https://doi.org/10. 1016/j.econmod.2016. 05. 003.

附录　缩略语清单

AESPI	Aggregated Energy Security Performance Indicator
AMG	Augmented Mean Group
ASEAN	Association of Southeast Asian Nations
BP	British Petroleum
BRI	Belt & Road Initiative
CADF	Cross-Sectionally Augmented Dickey-Fuller
CCEMG	Common Correlated Effects Mean Group
CEE	Central & Eastern Europe
CD	Cross-Section Dependence
CGEF	China Global Energy Finance
CIPS	Cross-Sectionally Augmented Im, Pesaran, and Shin
CIS	Commonwealth of Independent States
CO_2	Carbon Dioxide
D-H	Dumitrescu and Hurlin
DOLS	Dynamic Ordinary Least Squares
ECT	Error Correction Term
EKC	Environmental Kuznets Curve
EPI	Environmental Performance Index
ESG	Environmental, Social and Country Governance
EU	European Union

FDI	Foreign Direct Investment
FFSI	Fossil Fuel Sustainability Index
FMOLS	Fully Modified Ordinary Least Squares
GCII	The Global Cleantech Innovation Index
GCR	Global Competitiveness Report
GESII	Green Energy Sustainable Investment Index
GDP	Gross Domestic Product
GMM	Generalized Method of Moments
GW	Gigawatts
IEA	International Energy Agency
IPCC	Intergovernmental Panel on Climate Change
IREA	International Renewable Energy Agency
LM	Lagrange Multiplier
MCDA	Multi-Criteria Decision Analysis
MCDM	Multi-Criteria Decision Making
MENA	The Middle East and Northern Africa
MG	Mean Group
Mt	Million Tosnnes
$MtCO_2eq$	Metric Tons of Carbon Dioxide Equivalent
Mtoe	Million Tonnes of Oil Equivalent
MW	Megawatts
OECD	Organization for Economic Cooperation and Development
R&D	Research and Development
RECAI	Renewable Energy Country Attractiveness Index
SAARC	South Asian Association & Regional Corporation
SIT	Sustainability Index for Taipei

SRI	Socially Responsible Investment
STIRPAT	Stochastic Impact of Regression on Population, Affluence, and Technology
TE	Trading Economics
TOPSIS	Technique for Order of Preference by Similarity to Ideal Solution
VAR	Vector Auto-regression
VECM	Vector Error Correction Model
WDI	World Development Indicators